The Other Shore
Thich Nhat Hanh

ティク・ナット・ハンの般若心経

The Other Shore
Thich Nhat Hanh

馬籠久美子 訳

野草社

The Other Shore: A New Translation of the Heart Sutra with Commentaries

&

Be Free Where You Are

by Thich Nhat Hanh

Japanese translation rights arranged with
Janklow & Nesbit Associates
through Japan UNI Agency, Inc., Tokyo.

般若心経は、私たちがもっとも親しんでいる仏教経典のひとつで、解説書もたくさん刊行されていますが、なかでもティク・ナット・ハン師の解説は、現代人に般若心経の教えをわかりやすく伝えるものとして有名です。

最初の解説は一九八八年に出されましたが、ティク・ナット・ハン師は二〇一四年に、誤解を招きやすい箇所に新たな解説を加えました。その内容は「空」の意味をより明確にしたものですが、それを反映したのが本書 The Other Shore: A New Translation of the Heart Sutra with Commentaries です。

また後半には、ティク・ナット・ハン師がアメリカの刑務所で行った法話の記録 Be Free Where You Are も収載しました。マインドフルネスについてわかりやすく語られていますので、あわせて参考にしてください。

本書が般若心経をより深く理解するためのお役に立てれば幸いです。

野草社編集部

本文中の注の「*」は原書注、「†」は訳者注です。

自由を今ここに

ある刑務所での法話

ティク・ナット・ハンの般若心経

はじめに

般若心経はブッダの教えの真髄である。この経典の読経や暗唱が、世界各地の寺院や在家共同体で毎日行われている。本書に収められたティク・ナット・ハン師による解説は、二千五百年前のブッダ在世の時代から仏教の基本となっている口伝の伝統の流れを汲むものだ。般若波羅密多（完全なる理解）の経文の成立は、キリスト教の創成期の時代にまでさかのぼるが、その後の二千年のあいだに各地で学ばれて広まっていった。最初にインド、その後は中国、朝鮮、日本、ベトナム、チベット、そして他の大乗仏教国にも普及した。

この経典の英訳はもう一世紀近く存在している。西洋では、五十年以上前から禅の老師やチベット仏教の導師が瞑想の中でこの経典を教えてきた。ただその内容は、西洋人には難解だと評されることが往々にしてあった。

一九八七年の春、ベトナム出身の禅師で詩人にして平和活動家でもあるティク・ナット・ハン師は、アメリカ合衆国のカリフォルニア、太平洋側北西部、コロラド、ニューイングランド、ニューヨークの各地で一連のリトリート（瞑想合宿）と講演会を行った。そして師は自らが〝アメリカの仏教の真の顔〟と呼ぶものを発見しようというその実験に、アメリカの聴衆が参加することをすすめた。それは、外国からもたらされるものではなく、私たちアメリカ人の理解の深みの中から湧き起こるべきものだった。「仏教はひとつではありません。その教えは数多くあります。ある国に仏教がもたらされれば、そこには必ず新しい形態の仏教が起こります……。ひとつの国の仏教の教えは、他の国の仏教の教えとは違うものになるでしょう。仏教が仏教たらんがためには、対象となる社会の心理と文化に見合った適切なものでなければなりません」。そして〝タイ〟（ベトナム語で先生の意）は私たちの理解がより豊かになり、探求の助けになるようにと、般若心経についていくつかの法話を行った。その中には、七、八百人の聴衆に向けた一般公開の法話や、五、六十名のリトリート参加者と一緒の場で説かれた法話があった。

カリフォルニア州のオーハイで行われたリトリートでは、ロスパドレスの山々の懐にある大きな樫の木の下に、アーティストや瞑想の実践者が坐った。朝、早起きの鳥たちがさえずり、あたたかな風がかすかにそよぐ中で、みんなはタイのやさしくてよく通る声に耳を傾けた。その般若心経の法話はずばぬけてわかりやすく、いにしえの教えに新たな息吹と鮮やかな理解がもたらされたようだった。

リトリートのあいだ、タイは参加者にこう促した。日常の一つひとつの所作について、ていねいに、穏やかで澄みきった心で行いなさい、つぶさに注意を向けなさい。食事のときであっても、仏画を描くときであっても、ただ静かに歩いているときでも、足と大地が触れ合う部分によく気づいていなさい、と。このようなマインドフルネスを促すためにベルマスターという係がいて、定期的に大きな鐘を鳴らした。するとみんな各自やっていることを止め、三回呼吸して、静かにこう唱えるのだった。「聞こえる、聞こえる、このすばらしい鐘の音が、私を本当の自分に連れ戻してくれる」

「鐘は菩薩です」とタイは言った。「私たちの目覚めを助けてくれるのです」。私たちはそれを心にとめ、鐘の音が鳴ったときには、ガーデニングの道具も、ハンマーも、絵筆も、ペンも置いて、しばし自分自身に立ち返った。そしてのどかな自然とともに呼吸をして、ゆったりとくつろいで自分に微笑み、自分のまわりのすべてのもの――人びと、木々、花、楽しそうに走りまわる子どもたち、そして自分の中の心配事や痛みにさえも――同じように微笑んだ。私たちはただただ深く聴き、鐘の音とひとつになった。たった一人の中で、これほど深く鐘の音が響きわたるとは本当に驚きである。私たちはこうして小休止した後で、リフレッシュしたエネルギーをたずさえ、さらにもう少し注意を向けて、もう少し気づきを保ちながら、それまでやっていたことにまた戻っていったのである。

鐘だけが唯一の菩薩なのではない。ありとあらゆるものが、今という瞬間とそこに内包されるすべてのものに目覚めるための助けになることができる。「仏教は人生を楽しむためのかしこい方法です」とタイは言う。その精神にならって、本書を読まれる方が明確に智慧の真髄に合流できるよう、こんな提案をしたい。

どうかこの小さな本を、あたかも鐘の音を聴くように読んでいただきたいのである。日常生活でやらなければいけないことを今しばらく止めてみよう。体を使うことも頭を使うことも、どちらもである。そして心地よく坐ったならば、この素晴らしい導師が語る言葉をあなたの中で深く鳴り響かせてみよう。そんなふうにあなたと本書がつながれば、あなたはきっとマインドフルネスの鐘の音を何度も聴くにちがいない。その鐘の音が鳴ったら、この本を目から離して、その音があなたの中の深いところでこだましていくのを聴いてみてほしい。そこで静かに呼吸して微笑んでもいい。最初は難しく思うかもしれないが、それは多くの人たちも経験してきたことだ。そして私には先生の励ましの声が聞こえる。「あなたならできる！」こうしてあなたの心の深い部分と般若心経の深い部分は近づいてくる。ひょっとしたら触れ合うかもしれない。

親しむということは、本書に収められた教えの心臓の部分である。十三世紀の日本の禅の老師である道元は、悟りとはあらゆるものにただ親しむことなり、と教えた。ティク・ナット・ハン師の教えもまた同じである。私たちの中に真に理解する心を生みだせるようになれば、親しむことができるだけではない。私たちを含む万物の本来のありかたをおのずと表現することにもなる。そのような親しみに私たちの命を導いてもらうことは、私たちとほかの人たちの中に同じように慈悲の種を養うことである。時として、パートナーや隣人たちや国家間の平和は——そして自分の中の安らぎでさえも——不可能な夢でしかないように思えることさえある。けれどもティク・ナット・ハン師の説く教えの真髄に深く耳を傾けるならば、その平和を実現する道を発見することはできるのではないかと思うのだ。私たちのこの世界の平和は、そこからそう遠くはない。

二〇〇九年六月、ブリティッシュ・コロンビアのソルトスプリング島にて

ピーター・レヴィット

般若心経の新訳について

みなさんが手にしているこの本には、プラジュニャーパーラミター・フリダヤ・スートラムという経典が収められていますが、一般には般若心経と呼ばれる、もっともよく知られたお経のひとつです。この経典には、私たちが怖れも暴力もない彼岸へと渡るための大事な教えの数々が入っています。

プラムヴィレッジの宗門の禅師であるティク・ナット・ハン師は、これまでにも般若心経の解説を何度か提供してきました。一九八八年に出たものが最初の解説で、その内容は本書

の一部になっています。最新の解説は、師が二〇一四年に脳卒中で倒れる数か月前に出したもので、それが本書です。

この経典はおよそ千五百年ものあいだ、サンスクリット語と中国語で唱えられ、今まで何百もの言語に翻訳されてきたわけですが、プラムヴィレッジでは一九八〇年代から二〇一四年まで、サンスクリット語版と中国語版の原典にもとづいた英訳を主に唱えて学んできました。

二〇一四年八月、ティク・ナット・ハン師は伝統的な般若心経の表現を改めました。それは、「空《くう》」の意味をより明確にし、虚無主義《ニヒリズム》の教えだと誤解されないようにするためです。「空」は、「無」という意味ではありません。「空」とは、独立した実体はないという意味ですから、従来の般若心経の表現では誤解を招く可能性があります。般若心経の新しい訳として、「彼岸へと渡るための智慧」という題をつけました。このタイトルには、経典の内容がしっかりと込められていて、インタービーイング（相互存在）や、無我《むが》、中道《ちゅうどう》、空、無相《むそう》、無願《むがん》などの般若波羅蜜《はんにゃはらみつ》の教えの真髄がとてもはっきりと表されています。

二〇一六年、プラムヴィレッジにて

シスター・チャン・ドゥク（釈尼真徳嚴）

雲と洞窟――新たな般若心経

ティク・ナット・ハン

ベトナムの山々には、何千羽もの鳥たちが巣を作る洞窟があります。鳥たちは朝早く巣を飛び立ち、ひなのえさを探してはまたそこに戻ってきます。ときどき洞窟の入り口に雲がかかって霞んでしまい、巣に戻る道を見つけられなくなることがあります。太陽の輝く光が雲を散らすときだけ、洞窟の入り口がはっきりと見えて、鳥たちは巣に戻ることができるのです。

私たちの人生でも、行く道をさえぎり、混乱を作り出して、本当のわが家に戻るのを阻《はば》むような出来事があります。道を見失わせるものは、心の中の妨げや苦しみだけではありません。もっとも深遠な教えでさえも、その意味を正しく理解しないと、間違った方向に導いてしまうことがあります。経典であっても、方便《ほうべん》としての上手な扱いかたを知らないと、かえって解放への道をさえぎることになりかねません。般若心経は深遠で重要な経典です。私たちを解放と幸福と安らぎの岸へ運ぶ力をもっています。しかし、その一方で、千五百年以上も大きな誤解を生んできました。そうなった理由は、般若心経を編纂した祖師の言語表現が適切なものではなかったからではないか、と私は考えています。

言葉は人を惑わせることがあり、現実の本質への深い洞察は、言葉の届かないところにあります。しかし同時に、いく世代もの導師たちは、その慈悲心から、最善を尽くして言葉を巧みに使い、私たちが解放（解脱《げだつ》）への道に向かえるようにと導いてきたのです。導師たちが言葉を使うときは、その言葉が近似値でしかないことをよくわかっています——覚醒した理解のありようを、言葉で完璧に表現することはできません。そして優れた導師は、どれだけ言葉に注意しても、混乱する者が出るのは避けられないことを知っています。それでもなお、学ぶ者が苦しみから脱せられるように導くため、全力を尽くして助けねばならないのです。

このたび私は般若心経を訳し直し、こうして本書で紹介することにしました。新しい訳の表現が従来のものよりも明確になったことを願いつつ、詳しい解説をつけました。

ここで、私の見解を説明するために、みなさんに二つの物語を読んでいただこうと思います。一つ目はひとりの沙弥《しゃみ》（見習い僧）が禅師を訪ねていく話で、二つ目はある僧侶が慧中上士《トウエ・チユン・トウン・シー》という高僧に質問をした話です。この人物は十三世紀のベトナムの名高い詩人で、陳仁宗《チャン・ニャン・トン》の幼少時の個人教師を務めたこともある在家の禅の老師です。

沙弥と鼻

禅師が沙弥に問いかけました。

「般若心経とはどんなものか、お前の理解したところを話してみなさい」

沙弥は合掌して答えました。「はい、五蘊《ごうん》は空《くう》であるということです。目、耳、鼻、舌、体、心（六根《ろっこん》）はありません。形、音、匂い、味、物体、心の対象（六境《ろっきょう》）もありません。現象の十八の領域（十八界《じゅうはちかい》）は存在しません。十二のつながった相互依存の生起《しょうき》（十二縁《えん》起《ぎ》）も存在せず、洞察（智慧）も悟りもありません」

「お前はそれを信じるのかね？」

「はい、まったくその通りだと思っております」

「こちらへ来なさい」、と禅師は手招きしました。沙弥が近よると、禅師は出しぬけに親指と人差し指で沙弥の鼻をつまんでねじり上げました。

あまりの痛さに沙弥は、「先生、痛いじゃないですか！」と叫びました。禅師はちょっと驚いた顔をして答えました。「先ほどお前は、鼻など存在しないと言ったな。だが、鼻がないなら何が痛いのじゃ？」

＊＊＊

般若心経の真髄は、よく知られるあの一節、「形あるものは空であり、空は形あるものである」（色即是空　空即是色）にあります。けれども、それに続く句は、従来の般若心経では、「ゆえに空においては、体も、感覚も、認知も、心の形成も、意識もない。目、耳、鼻、舌、体、心もない」（是故空中無色　無受想行識　無眼耳鼻舌身意）となります。これはおかしなことです。経文のはじめには、「形あるものは空であり、空は形あるものである」と言い切っているのに、今度は、「形あるものはない、あるのは空だけである」「体もない、感覚もない、認知もない、心の形成もない、意識もない」などと言うのは、まるで自己矛盾に陥ったかのようです。これでは混乱してしまい、多くの危険な誤解につながりかねません。本当は何も存在しない、すべては空だけだというように、空はある種の虚無主義《ニヒリズム》だと誤って考えてしまいそうになります。般若心経は正しく理解しないと、こんな罠に落ちてしまうのです。従来

---

†――十八界とは、「六根（感覚器官）」――眼・耳・鼻・舌・身・意、「六境（感覚器官の対象）」――色・声・香・味・触・法、「六識（この両者の出会いによる認識）」――眼識・耳識・鼻識・舌識・身識・意識を合計したもの。詳しくは第十一章「星は私たちの意識」を参照。

††――十二因縁とも言う。無明→行→識→名色→六処→触→受→愛→取→有→生→老死。苦の原因を順に分析したもの。詳しくは第十二章「すべては心がつくりだすもの」を参照。

の経句表現を保つかぎり、沙弥たちには鼻をひねられ続けるリスクがあります。

仏教では、虚無主義は苦しみをもたらしかねない極端な考えかたとみなされます。私たちには、対極にあるものや相反する一対のものに出会うと、片方が正しくて、もう片方は誤りにちがいない、と信じる傾向があります。たとえば、すべてのものは存在し、現実であると考えるのか。それとも、何ひとつ存在などしない、現実ではないと考えるのか。永遠主義も、虚無主義も、どちらも極端な考えかたです。いったい私たちは、ずっと生き続ける永遠の魂であると信じるべきなのでしょうか。それとも、私たちなど無意味な原子の集まりに過ぎなくて、死んだら永久に消滅して後には何も残らないと信じたほうがいいのでしょうか。ブッダは、「有《う》」——存在すること、「無《む》」——存在しないことの、どちらの両極端も避けるようにと教えています。私たちがかしこければ、般若心経は、そのあいだにある中道を見いだせるように助けてくれるでしょう。

続けて、二つ目の話をしましょう。

あなたに体はあるか？

ある日、慧中上士のもとに、一人の比丘《びく》が訪れ、般若心経について尋ねました。

「先生、形あるものは空であり、空は形あるものである、という言葉の真意はいったい何でしょうか？」

最初のうち、師は黙ったままでした。そしてしばらくしてから、こう聞き返しました。

「あなたに体はあるか？」

「はい、ございます」

「ならば、なぜ体は空だと言われるのか？」

師は部屋の隅の何もない場所を指さして、続けます。

「あそこの何もない空間に、体が見えるのか？」

「いいえ、見えません」

「ならば、どうして空はこの体だと言えようか？」

比丘は立ち上がり、礼をして去りました。しかし、師はもう一度彼を呼び戻して、次のような偈《げ》を唱えて聞かせました。

「形あるものは空であり、空は形あるものである」とは
三世の目覚めた者たちによって方便としてかりそめに説かれた言葉である
「形あるものは空ではなく、空は形あるものではない」
本性は有にも無にもとらわれず
常に浄《きよ》く明らかである

＊　＊　＊

この物語では、慧中上士は般若心経と矛盾することを言い放ち、般若経典では不可侵とされる聖なる定式「色即是空　空即是色」に挑んでいます。

ただ私から見ると、師の解釈はちょっと行き過ぎているでしょう。比丘の問題が生じたのは、「形あるものは空であり、空は形あるものである」の一節ではなく、むしろ、「ゆえに空においては、体も、感覚も、認知も、心の形成も、意識もない……」（是故空中無色　無受想行識）の部分が適切に表現されていないことにあります。

従来の般若心経の経文のうち、最初の一行から、「生じることもなく滅することもない、汚れたのでもなく清らかなのでもない、増えることもなく減ることもない」（不生不滅　不垢不浄　不増不減）までは完璧な表現です。しかしながら、この経典を編纂した祖師が、「生じることもなく滅することもない」（不生不滅）の直後に、「有るのでもなく無いのでもない」（不有不無）の言葉を加えなかったことが悔やまれます。

この一行によってこそ、私たちは「有」と「無」の概念を超越することができ、「目もなく、耳もなく、鼻もなく、舌もない……」というような概念にとらわれないように防ぐことができるからです。

中国の禅仏教の五祖である弘忍《ぐにん》の高弟の神秀《じんしゅう》は、次のような、きわめて実用的な偈を残しました。

是菩提樹
心如明鏡台
時時勤拂拭
勿使惹塵埃

私の体はすなわち菩提の樹
私の心ははっきりと映す鏡の台のようだ
日々これを清めるべし
ちりやほこりが積もらないように

六祖の慧能《えのう》はこの偈に応えて、後世よく知られることになった偈を書きました。しかし、これもまた「有」と「無」の概念にとらわれていると言えましょう。

菩提本無樹
明鏡亦非臺

本來無一物
何處惹塵埃

菩提にもとより樹などない
はっきりと映す鏡に台などない
本来は無一物である
どこにちりやほこりがあるというのか

流れる雲が洞窟の入り口を覆いかくして鳥たちが家路に迷ってしまうように、従来の般若心経は真の意味を覆いかくし、現象は存在するかしないかについて無数の誤解を招いて、何世代にもわたって人びとを迷わせてきたのです。

新たな般若心経

般若波羅蜜のもっとも深遠な教えは、「実体の空」と「あらゆる現象の空」です。実体と現象の非存在ではないのです。*私が新しい訳を出すにあたって、各種サンスクリット語版や玄奘三蔵の漢訳とは異なる言葉をあえて選んだのは、そうした理由からです。したがって、従来のように「ゆえに空においては、形あるものはない、感覚も、認知も、心の形成も、意識もない」と言うかわりに、本書の新訳では「ゆえに空において、体、感覚、認知、心の形成、意識は、独立した実体ではない」という表現を考案しました。

あらゆる現象は、相互共存による生起（縁起）の産物であり、そこには分離して独立した実体はないというのが、般若波羅蜜の教えの核心です。どんなものであっても、それだけで単体で存在することはできません。他とかかわり合って存在することしかできないのです。ですから「独立した実体ではない」という表現を使うほうが役に立ちます。智慧についての洞察も、智慧を悟ることとさえも、分離して存在することはありえないのです。この新しい定型表現「独立した実体ではない」は、「形あるものは空であり、空は形あるものである」（色即是空　空即是色）と同じぐらい重要なものです。

このような言い換えが必要となるのは、「ゆえに空においては、形あるものはない、感覚も、認知も、心の形成も、意識もない」（是故空中無色無受想行識）という部分が、究極の真

＊――般若心経は、当時繁栄しつつあった説一切有部派の信者たちに対し、「自我はないが、現象は真に存在する」という見方を手放すことを助けるために編纂された可能性がある。説一切有部は、前二世紀頃に組織された部派仏教のひとつで、一切の現象は過去、現在、未来を通じて実在するとし、他の教派からブッダの無常の教えに反するとして批判された。詳しくは第五章「空の記し」を参照。

理に依っていないからです。空というのは、実体（我《が》）の空を意味しているのであり、実体が存在しないという意味ではありません。ちょうど、風船の中身が空っぽだからといって、風船がそこにないというのではないのと同じことです。私たちに分離して独立した実体がないからといって、私たちに鼻がついていないということではありません。当然、私たちには鼻がついていますし、もちろん体があり、ここに存在しています。「すべての現象には、空が記《しる》されている」（是諸法空相）も同じことです。この一行は、諸々の現象は存在しないと言っているのではなく、現象の空についてはっきりと説いているのです。それは、花は、花以外の要素からつくられているということです。花そのものには独立した実体はありませんが、だからといって花がそこにないのではありません。

般若波羅蜜の智慧は、世間的常識（俗諦《ぞくたい》）を超越する、究極の真理（真諦《しんたい》）であり、仏教のもっとも崇高な洞察です。仏教経典のどんな一節でも――たとえそれがすばらしい般若経典群であっても――この洞察に依拠しないものは、相対的な仮りそめの常識でしかなく、本当の真理に通じているとは言えません。

般若波羅蜜の智慧によってこそ、私たちは生と死、有と無、汚濁と清浄、増と減、主体と客体などの相対する両極から解放されて、不生不滅、不有不無《ふうふむ》という、あらゆる現象の本質に触れることができるようになるのです。そして、この涼やかで、安らいだ、怖れのない境地は、まさに今世において、この体と五蘊を通して経験することができます。それこそが涅《ね》槃《はん》なのです。漢文の法句経《ほっくきょう》の涅槃の部には、とても美しい一文があります。

鳥が空を楽しむように、鹿が草原を楽しむように
賢者は涅槃を楽しむだろう

「有るのでもなく無いのでもない」という教えは、「生じるのでもなく滅するのでもない」という教えと常にともにあります。このような理由から、本書では、一連の否定表現と同じように、不有不無と否定形にして加えました。「有るのでもなく無いのでもない」という深遠な教えは、迦旃延経《かせんねんきょう》の中にあり、ブッダが正見《しょうけん》について定義した場面に記されています。迦旃延経のこの四文字のおかげで、これから後の世代の人たちは鼻をひねられないですむことでしょう。

般若心経が世に登場したのは、大乗経典の興隆期で、おそらく五世紀か六世紀になってからのことです。*そのほぼ同じ時期に密教は勢力を伸ばし、密教修行者たちはいっそう呪術《じゅじゅつ》に頼りはじめていて、悟りを得るためのマントラ（呪文）やムドラ（印）が数多く紹介されました。**般若心経を編纂した祖師は、仏教のもっとも深い教えが入ったこの経典を、密教の信者たちも唱えて行じるようにすすめるために、方便を使うことにしたのです。それで、般若心経は一種の呪文のような形で紹介されたわけです。

般若心経の新しいタイトル

私たちが普通、般若心経と呼んでいるお経は、サンスクリット語のプラジュニャーパーラミター・フリダヤ・スートラム***という経典のタイトルを中国語に訳して縮めたものです。パラムは「彼岸」、イタは「往った」、プラジュニャーは「智慧」や「洞察」です。フリダヤは「心臓」または「真髄」で、スートラ（ム）は経典です。本書の新訳では、「彼岸へと渡るための智慧」という表現を当てました。経文の最後の呪文の部分にパーラガテーという表現があり、それは「彼岸へ渡った」という意味です。パーリ語の原始仏教経典のスッタ・ニパータは、般若心経よりもずっと先に編纂されていますが、その中にはすでに、「河を渡って向こう岸に至る」という意味のパーラヤナヴァッガ（彼岸道品《ひがんどうほん》）が入っています。

みなさんが、この新版の般若心経の実践と詠唱を楽しんでくれることを願います。二〇一四年八月二十一日の午前三時ごろ、ようやく訳し終えると、部屋には月の光が差し込んでいました。

*――般若心経がいつどこで書かれたかは、研究者のあいだでも明確な合意に至っていないが、総じて般若経典群として知られるサンスクリット語の経典の重要な部分を要約したものと考えられている。そのはじまりはおそらく八千頌般若経と宝徳蔵般若波羅蜜経で、紀元前一世紀から紀元後一世紀のあいだに編纂され、二万五千頌般若経や十万頌般若経とともに続いていった。金剛般若経は、修行と研究のために要約された扱いやすい経典で、二世紀から四世紀のあいだに十万頌般若経よりも先に編纂された。般若心経はその後に登場し、金剛般若経よりさらに要約されている。

**――呪文を唱えて印を切る真言乗は四世紀頃から存在し、七五〇年以降に最終的に金剛乗として体系化した。一般的に日本で知られている現在の真言宗とは区別される。

***――本書では、アモーガヴァジュラ（不空金剛）の編纂によるサンスクリット語の般若心経のタイトル名を採用した。

新訳

般若心経

（二〇一四年八月）

彼岸へと渡るための智慧

観自在菩薩《アヴァローキテシュヴァラ》が、彼岸へと渡るための智慧を深く行じているとき、
突如として、五蘊はどれも等しく空であることを見いだし、
その洞察によって、すべての苦しみを乗り越えた。

「聴きなさい、舎利子《シャーリプトラ》よ、
この体そのものは空であり、空そのものはこの体である。
この体は空以外ではなく、空はこの体以外ではない。
感覚、認知、心の形成、意識についても同じである」

「聴きなさい、舎利子よ、
すべての現象には、空が記《しる》されている。
その本質は、生じるのでもなく滅するのでもない、
有るのでもなく無いのでもない、
汚れたのでもなく清らかなのでもない、

増えるのでもなく減るのでもない」

「ゆえに空において、体、感覚、認知、心の形成、意識は、

独立した実体ではない。

現象の十八の領域は、六種の感覚器官と、六種の感覚の対象と、

六種の意識からできているが、これも独立した実体ではない。

相互に依存して生起し消滅する十二のつながりもまた、

独立した実体ではない」

「苦しみと、苦しみの原因も、苦しみの消滅も、解放に至る道も、

智慧と悟りも、独立した実体ではない」

「これがわかった者は、何も得る必要がなくなる」

「彼岸へと渡るための智慧を行じる菩薩たちの心には、
もはや一切の妨げとなるものが見いだせない。
心に妨げがないので、あらゆる怖れを乗り越え、
すべての誤った認知を打ち砕き、
完璧な涅槃を実現することができる」

「過去、現在、未来の三世のあらゆる仏たちも、
彼岸へと渡るための智慧を行じることにより、
完璧な悟りを得ることができる」

「それゆえ舎利子よ、彼岸へと渡るための智慧は、
偉大なる呪文であり、もっとも輝かしい呪文であり、
もっとも崇高な呪文であり、比べようのない呪文であり、
どんな類の苦しみも終わらせる力を持つ、真の智慧である」

「だから、私たちが彼岸へと渡るための智慧を讃えるこの真言を、
高らかに唱えよう。
ガテー　ガテー　パーラガテー　パーラサンガテー　ボーディ
スヴァハー！」

彼岸へと渡るための智慧

第一章

インタービーイング——相《そう》即《そく》相《そう》入《にゅう》

　もしあなたが詩人ならば、この一枚の紙に雲が浮かんでいるのをはっきりと見ることでしょう。雲がなければ、雨はない。雨がなければ、木は育たない。木がなければ、紙は作れない。雲は、紙が存在するために欠かせないのです。もしここに雲がなければ、一枚の紙もここにはない。ゆえに、雲と紙はかかわり合って存在していると言うことができます。「インタービーイング（interbeing 相互存在）」という単語は、まだ辞書には載っていません。interという接頭辞にbeという動詞をつけるとインタービー inter-beとなり、新しい動詞になります。

　インタービーイングという言葉は、一九八〇年代にカリフォルニアの山の中にあるタサハラ禅マウンテンセンターで、禅の修行実践者に向けたリトリートを率いていたときに生まれました。そのとき私は空《くう》を説いていたのですが、たとえに使うための一枚の紙がなかったので、代わりにだれも座っていない木の椅子を使いました。私はみんなに対して、その空いた椅子の中に、森や太陽の光や雲の存在が見いだせるように深く観察してみましょう、とすすめたのです。その椅子は生や死に左右されるものではなく、存在するとか存在しないという言葉では説明できないのです、と言いました。そして、その椅子が「椅子以外のすべての要素」と相互に共存していることをあらわせるような英語かフランス語の表現はありませんか、と訊ねました。トゥギャザーネス（togetherness 一緒であること）はどうかと聞いたところ、それはおかしく聞こえます、と言う人たちがいたので、ではインタービーイングはどうでしょうかと提案したというわけです。

インタービーイングの洞察は、般若心経をもっとわかりやすく、空の教えをよりはっきり理解するのに役立ちます。インタービーイングは、存在すること——「有《う》」と存在しないこと——「無《む》」という二元的な概念を超えたところまで私たちを運び、「無」を怖れなくてすむように助けてくれます。

「空」という言葉を聞くと、取り乱してしまう人がよくいるのですが、それは「空」を「無」「無いこと」「非存在」などと等しいものだとみなしてしまいがちだからです。西洋哲学は「存在」と「非存在」についての問いにかかりきりになっていますが、仏教は「存在」と「非存在」の二元的な概念を超えたところに私たちを運んでくれます。私がよく言うのは、「生きるべきか、死ぬべきか、それはもはや問題ではない。インタービーイングが問題なのだ」と。

この一枚の紙をもっと深く観ていくと、そこには太陽の輝きがあります。太陽の光がないと森は育ちません。太陽なしには、何ひとつ、私たちさえも育つことはできません。ですから、この一枚の紙の中には太陽の光も入っていることがわかります。紙と太陽はお互いにかかわり合って存在しています。さらに観ていくと、木を切って工場に持っていった木こりが紙に変わっていくのが見えます。そして小麦も見えます。木こりは日々の糧となるパンがないと存在できませんが、その元となる小麦もまた、この一枚の紙の中にあります。木こりの父親と母親もこの中にいます。このような紙以外のすべてのものがなければ、この一枚の紙は存在できないでしょう。

さらにもっと深く観ていくと、私たち自身もその中にいるのが見えます。これは何も難しいことではありません。一枚の紙を見るとき、その紙は私たちの認知の対象となります。脳科学者たちによって明らかになってきたのは、人の認知が関与しないところで客観的に世界を明確に語ることはできず、反対に心の中にだけ存在するかのような主観的な世界を語ることもできないということです。つまり、あらゆるものは——時間、空間、大地、雨、土の中の鉱物、太陽の光、雲、川、熱気、そして意識さえもが、一枚の紙の中に入っているのです。すべてのものがこの一枚の紙と共存しています（相即相入）。存在するということは、相互にかかわり合いながら存在し合うことです。あなただって、一人だけで存在することはできません。他のすべてのものと共に存在しなければならないのです。この一枚の紙があるのは、その他のすべてのものがあるからです。

試しに、その中のひとつの要素を、もともとそれがあった源に戻してみましょう。太陽の光を太陽そのものに戻します。そうすると、この一枚の紙は存在できるでしょうか？　いいえ、太陽の光がないと紙は存在できません。このように見るなら、この一枚の紙はぜんぶ、「紙以外の要素」から作られていることがわかります。「紙以外の要素」のうちのひとつでも元の源に戻したなら、紙は一枚もなくなってしまうでしょう。こんなに薄い紙一枚なのに、この中には宇宙のすべてが含まれているのです。一即一切《いっそくいっさい》、ひとつのものの中にすべてが入っています。

ただ、般若心経ではどうも反対のことを言っているようですね。観自在菩薩は、形あるものは空である、と教えています。では、それがなぜなのか、もっと近くに寄ってよく見てみることにしましょう。

第二章

何が空っぽなのか？——空《くう》

観自在菩薩が、彼岸へと渡るための智慧を深く行じているとき、突如として、五蘊はどれも等しく空であることを見いだし、その洞察によって、すべての苦しみを乗り越えた。

観自在菩薩　行深般若波羅蜜多時　照見五蘊皆空　度一切苦厄

アヴァローキテシュヴァラ（観自在菩薩）は「偉大なる慈悲の菩薩」という名前です。生きとし生けるものたちの苦しみを取り除くために、深く聴くための方法を知っている方です。アヴァロキタは「深く観る」、イスヴァラは「大いなる者」という意味です。* この二つを合わせると、現実の核心を深く見通す修行を完成させて、最大の自由を得た者、となります。菩薩はサンスクリット語でボディサトヴァと言い、ボディは「目覚めていること」でサトヴァは「生きているもの」ですから、「覚醒した存在」ということです。私たちはだれもがみな、菩薩であるときもありますし、菩薩でないときもあります。日本では観音さまとして親しまれているアヴァローキテシュヴァラですが、じつは男でも女でもなく、その時によって男になってあらわれたり、女としてあらわれたりします。観自在菩薩は、深く観て聴くことができる能力があるおかげで、自分自身の苦しみを理解することができ、その深い理解から大いなる慈悲が生まれます。観自在菩薩はありのままの現実を深く理解して、すべての怖れを乗り越えました。般若心経では、深遠なる教えである般若波羅蜜を、ブッダの弟子で智慧第一と伝えられるシャーリプトラ（舎利子《しゃりし》）に解き明かします。

プラジュニャー（般若《はんにゃ》）は「智慧」「洞察」あるいは「理解」という意味で、パーラーミター（波羅蜜《はらみつ》）は向こう岸に往く、あるいは往った（到彼岸《とうひがん》）という意味です。この智慧は、知識と

＊――アヴァローキテシュヴァラは、初期に確立したアヴァローキタスヴァラ（世界の嘆きを聞く者）が進化したものである。最初の中国語訳は「観世音」（世界の音を深く聞く者）で、後の玄奘は「観自在」（深く自由自在に観る導師）と訳した。

同じではありません。理解と智慧は、水のように流れて、浸透していくことができます。一方、私たちがしがみついている見解や知識は固いもので、理解をせき止めてしまいかねません。仏教では、知識は真の理解を妨げるものとされています。ちょうどはしごをのぼっていくのと同じように、過去の知識は手放していかなければなりません。はしごの五段目で、ここがてっぺんだと思ってしまうと、六段目に上がる気持ちはなくなります。さらに道を進んでいくには、概念を手放して、超越していくことを学ばねばなりません。

観自在菩薩によれば、この紙は空であるというのですが、今までよく見てきたように、この紙には全てが詰まっています。どうやら、この菩薩と私たちの分析のあいだには矛盾があるようです。観自在菩薩は五蘊《ごうん》——私たちの体（色《しき》）、感覚（受《じゅ》）、認知（想《そう》）、心の形成（行《ぎょう》）、意識（識《しき》）——が、どれも空であることを見いだしました。でも何が空なのでしょう？　空であるということは、何かが空であるということです。

水の入ったコップを手に持った私が、あなたに「このコップは空《から》っぽですか？」と聞いたなら、あなたは「いいえ、水で一杯です」と答えることでしょう。私がコップの中の水を流してから、また同じことを聞くと、あなたは「はい、空っぽです」と答えるでしょう。でも、何が空っぽなのでしょう？　空っぽであると言うからには、何かが空っぽだということです。何もない「無」が空っぽだというのはありえません。「空《くう》」とは、「何が空っぽなのか？」がわかっていないかぎり、まったく意味をなさないのです。このコップの場合、水は空っぽでも空気は入っていますから、空気は空っぽではありません。つまり、空であるということは、何かが空っぽであるということです。これは重大な発見です。観自在菩薩が、五蘊はどれも等しく空であると言うのなら、私たちは「菩薩様、何が空なのですか?」と聞くべきでしょう。

五蘊は、英語では五つのかたまり、集合体と訳され、人間を構成している五つの要素であるとされます。それは五つの川のように常に流れていて、私たちの体（色）の川、感覚（受）の川、認知（想）の川、心の形成（行）の川、意識（識）の川があります。これらの川はいつもよどみなく私たちの中を流れています。そして観自在菩薩によると、この五つの川の本性を深く見つめたときに、突如として、それらはどれも空であることがわかったと言うのです。「何が空なのですか?」という私たちの問いに対する菩薩の答えはこうでした。「独立した実体はない」

王と楽師

あるところに王がいて、楽師の奏でる十六弦のシタールの演奏を聴き、心の底から感動しました。その音楽にたいそう感銘を受けた王は、その音がいったいどこから来ているのかを知りたくなりました。楽師がそのシタールを王に献上して退去すると、王はその楽器を細かく切り刻むように従者に命令しました。けれども、どれほどがんばってもあの美しい音色の元になる、あの音楽の本体を見つけることはできませんでした。観自在菩薩は自らの五蘊を深く観ることによって、この王と同じように、独立した実体はないことを発見したのです。たとえどんなにすばらしいものでも、それを深く観ていくと、他から分離した実体と呼べるようなものはないことがわかります。

私たちには、五蘊の中に何か一定の変わらないものがあると信じる傾向があります。しかし、五蘊は絶え間なく流れていて、生じては大きくなり、やがて消えてなくなっていきます。感情は、あらわれるとしばしそこにとどまり、また変化したり、なくなっていったりします。怒りもまた、込みあげてきても、少したつと薄らいで消えていきます。体も、年を重ねて老いていきます。それでもまだ私たちは、万物は一定で不変だという間違った認識にしがみついています。かたくなに、五蘊には不変で独立した実体がある、自分は一人の人間という他から分離した存在だ、と信じ続けています。ブッダは、そのような実体（我《が》）は存在しない、と説かれました。あの王が試してみたように、五蘊を分解してその中に実体を探そうとしても、見つけることはできないのです。五蘊には、魂も、「私」も、人もないのです。中心核となる物質も、実体もありはしないということがわかれば、すべての苦しみ、悩み、怖れは、たちまち消えてなくなることでしょう。

五蘊――私たちの体、感覚、認知、心の形成、意識――には独立した実体はないということは、五つの川はどれひとつとして単独では存在できないということです。どの川も、残りの四つの川によって作られるしかないことになります。他のすべてとかかわり合って共存するしかないということです。

私たちの体には、肺、心臓、腎臓、胃、血液があります。そのどれもが単独では存在できません。他のものと共存するしかないのです。あなたの肺と血液はそれぞれ別のものですが、どちらもそれだけ分離しては存在できません。肺は空気を取り込んで血液を豊かにし、血液はその見返りに肺に栄養を送ります。血液なくして肺は生きられず、肺なしには血液をきれいにできません。肺と血液はお互いに関係し合って存在しています。これと同じことが、心臓と血液、腎臓と胃、肺と心臓、血液と心臓などにも言えます。

宇宙がいっぱいに詰まっている

観自在菩薩が、一枚の紙は空であると言うのは、その紙だけ他から分離して存在することはできない、と言っているのです。一枚の紙はそれ自体では成り立ちません。太陽の光や雲や森、木こりとその心など、紙以外のあらゆるものとかかわり合わないと、存在できないのです。そこには独立した実体はありません。そして、独立した実体がないということは、すべてのものがそこに含まれているということです。ですから、私たちの観察とこの菩薩の観察は、どうやら結果的には矛盾していないようです。

菩薩は五蘊を深く観ることを行じて、そのどれもが単独では存在できないことを発見しました。それぞれ、他のすべてと相互に共存することしかできないのです。私たちの体には、分離して独立した実体はありませんが、宇宙のすべてがいっぱいに詰まっています。私たちの感覚・認知・心の形成・意識はどれも、その本質（自性《じしょう》）は空っぽですが、それと同時に、存在しているすべてのものがぎっしりと詰まっているのです。

第三章

理解の道

その洞察によって、すべての苦しみを乗り越えた。

度一切苦厄

何かを本当に理解したいのなら、外から眺めているだけではなく、その中に深く入って、そのものとひとつにならなければなりません。だれかを理解したいなら、その人の感情を感じ取り、苦しみを苦しんで、喜びを喜ばねばなりません。本書の般若心経の英訳ではrealizationという言葉をあてていますが、これは「あますところなく、完全に理解する」full or perfect comprehensionという意味です。英語のcomprehendは「理解する」という意味で、ラテン語

com「心を一緒にする」とprehendere「把握する、つかむ」から成り立っています。つまり、それをつかんで、それとひとつになる、ということです。ものごとを理解するのに、他には方法はありません。

一枚の紙について、単なる観察者として外側から眺めたところで、完全に理解することはできないのです。私たちは、雲そのものになり、太陽の光そのものになり、木こりそのものになって、見通さなければならないのです。私たちが一枚の紙の中に入り、そこにあるすべてのものになれれば、私たちの一枚の紙に対する理解は、完璧なものとなるでしょう。

古代のインドに、一粒の塩という寓話《ぐうわ》があります。海がいったいどれくらい塩辛いのかを知りたくて、一粒の塩が海に飛び込んで海水とひとつになったという話です。一粒の塩はそのようにして完全な理解を得たわけです。

平和を求めて他の国を理解したいなら、ただ外から観察しているだけでは理解することはできません。その国の市民の感覚（受）と認知（想）と心の形成（行）を理解するには、その人たちとひとつになることです。有意義な平和活動をするなら、相手の中に入り、相手とひとつになって真に理解する、という実践を行わなければなりません。

マインドフルネスを確立するための四つの基盤の経典、サティパッターナ・スッタ（四念処《しねんじょ》経《きょう》）の中で、ブッダはものごとを見通すようにして観察することをすすめています。身体において身体を、感覚において感覚を、心の形成において心の形成を、現象(心の対象物)において現象を瞑想するのです。ブッダがそれを繰り返したのは、観察して理解しようとするものとひとつになるには、その中に入らなければならないことを伝えるためです。じつは核科学者たちもそのことを言いはじめています。素粒子の世界に入って何かを理解するには、あなた自身も参加者にならなければならないというのです。外側に残ったまま、観察者であり続けることはできません。今日では、多くの科学者たちが「観察」よりも「参加」という言葉を好んで使っているようです。

他者を理解するには、これと同じことを実践すべきでしょう。愛する人を理解したいのなら、その人の身になって感じ取ることです。そうしなければ、本当に理解することはできません。理解があってこそ、真実の愛もありうるのです。

苦しみを乗り越える

理解と目覚めとともにやってくるのが、安堵です。過去に経験した苦しみが、洞察によって「空」へと変容します。般若心経を哲学として頭で学んでも、心の苦しみには何ら効果がありませんが、この経典を一字一句、自分の苦しみと、心の一番奥深い志《こころざし》に照らして読むならば、それは意味のあるものになります。空について理解したことを、日常生活や、多くの困難、数々の課題に応用するやりかたを知っていれば、苦しみを乗り越えることができ、安堵と幸福を体感することでしょう。このような理解には、私たちを解放する力があります。

観自在菩薩は私たちと同じ人間であり、私たちと同じように苦しみました。だからこそ、深く観るという修行に取り組み、それを実際に行って、そこから空を見いだしたのです。そして空についての深い洞察を得たとき、苦しみはもうあらわれなくなりました。私たちもこのような深い洞察をもって、自分自身の苦しみを、安らぎと自由と幸福に変容させることができます。そしてさらに、他の人びとも同じく実践できるように助けられるのです。

第四章

空よ、ばんざい

聴きなさい、舎利子よ、
この体そのものは空であり、空そのものはこの体である。
この体は空以外ではなく、空はこの体以外ではない。
感覚、認知、心の形成、意識についても同じである。

舎利子　色不異空　空不異色　色即是空　空即是色　受想行識　亦復如是

般若心経の真髄はこの定型句にあります。「この体そのものは空であり、空そのものはこの体である。この体は空以外ではなく、空はこの体以外ではない」。この一節が理解できれば、他の部分の理解はそう難しくはないでしょう。

サンスクリット語のルーパ（色《しき》）は、通常、「形あるもの」と訳され、経文では「色即是空空即是色」となります。この「色」は五蘊《ごうん》（色受想行識）のひとつですが、とりわけ肉体を指し、広い意味では生きもの全般を指します。そのような理由から、本書の新訳にあたっては、「色」を「体」と訳しました。

私たちは物質や形あるものについて考えるとき、命のある生きもの（生物）と命のないもの（無生物）に区別してしまいがちですが、現代科学によれば、このふたつの区別はさほど明確ではないといいます。生命活動が見られないとしているものについても、私たちが考えるほど不活発ではない可能性もあります。むしろ、命がぎっしり詰まっているかもしれません。物質は、不変の固体ではありません。二千五百年前の二万五千行の般若経にそう書かれています。物質を深く観ていくと、そこには実質的な本体はなくて穴だらけのまるで泡のようなものが見えるだけであろう、と説いています。*

現代の物理学者たちは、物質は固定した物体ではなく、スカスカな空間であると認識している点で同意しています。私たちの体を作っている原子のほとんどは空間であり、それは静的なものではありません。――一個の原子の中では、電子が原子核のまわりを一秒ごとに数千キロもの速さで回っています。私たちの感覚を深く観ても、似たようなものが見えます。感覚はエネルギーの磁場であり、常に変化しています。同様に、私たちの認知、心の形成（物）、意識もまた、川の流れのように常に変化し続けています。

今日のような科学的な専門用語は、経典が書かれた当時はありませんでしたから、経典の執筆者たちは「空」という言葉で、物質の本性を説明しようとしたのです。彼らは二つの非二元的な公式を用いました。

この体そのものは空であり、空そのものはこの体である。
この体は空以外ではなく、空はこの体以外ではない。**

私たちは、自分の体をよく知っていると思っています。自分の体はこのようなものだ、とい

＊――パンチャヴィムシャティサーハスリカー・プラジュニャーパーラミター・スートラ「二万五千頌（じゅ）般若波羅蜜多経」による。この例は玄奘訳の大般若経（大正蔵二二〇）にも記されている。

＊＊――サンスクリット語版では色と空のインタービーイング（相互存在）の本質について三段階の説明を立てており、この次に「この体であるものはどのようなものでも空であり、空であるものはどのようなものでもこの体である」と続く。玄奘による漢訳ではこの部分を入れなかった。本書の新訳では、玄奘訳を採用し、二段階の説明とした。

う考えをもっています。日常生活でひとときも離れずに一緒にいるこの体ですから、隅から隅までよく知りつくしていると思っているのです。しかし経典によると、体に対する私たちの概念は、誤認《エラー》だらけだというのです。だからこそ、「この体そのものは空である——色即是空」というフレーズの本当の意味がわかるように、もっと深く観なければならないのでしょう。

この体が空であるからこそ、体はあらわれることができます。体はあらゆるものであり、命で満ちあふれています。空という言葉は恐ろしいものではありません。それはすばらしい言葉です。空であるということは、存在しないことではないのです。もし一枚の紙が空でないのなら、太陽の光や、木こりや、森は、どこに入り込めばよいのでしょう? 一枚の紙は、どうやったら一枚の紙になれるというのでしょう? コップが空であるためには、まずそこに存在しなければなりません。それは体、感覚、認知、心の形成、意識についても同じことで、それぞれの独立した実体が「空」であるためには、まずそこに存在しなければならないのです。「この体そのものは空である」というのは、あなたの体が存在しないのではありません。

あなた自身の体を深く観ていけば、その中にはあなたの両親と祖父母、すべての祖先、そして地球の生命の歴史がすべて入っているのがわかるでしょう。この体は、ふだんあなたが体だとは思っていないような、体以外のすべてのものから作られた複合体です。そこには太陽と月と星、時間と空間も見てとれるでしょう。事実、この体を作り上げるために、宇宙全体がここに集まっているのです。その体に欠けているものはただひとつ、分離した実体という存在です。もしも太陽の光を太陽に、雨を雲に、鉱物を大地に返すとしたら、私たちのこの体は存在できるのでしょうか？　すべての物質現象は、その中に宇宙全体を抱え込んでいます。どんなものでも、それだけで存在することはできないのです。この体はすべての存在に依存していることを見通せれば、独立して存在する実体などないことがわかるでしょう。

ではここで、ゆっくりとマインドフルに呼吸をしながら、以下の文を使って瞑想してみましょう。

体において体の瞑想をする

数百年もの歳月を経て　代々伝わってきたこの体
一度も死んだことのない体

この体を大切にあつかおう　私ひとりのものではない
私につながる先祖すべてのもの　軽んじてはならない

心はこの体の中にある
心は体を生じさせ、体は心を生じさせる

この体の中に　宇宙のあらゆる生命の奇跡がある
不生不死界、浄土、神の国もある
ないがしろにはできない
宇宙の不思議がすべてある

この体は宇宙に咲く美しい一輪の花
大事に世話しよう
宇宙の不思議と奇跡を
すべて解き明かしていこう

この体はたくさんの形となり
未来に続いてゆく
子孫がいるかどうかではない

後に続く生命のために
この体を美しく継続していこう

空は空っぽである

実際のところ、空の洞察はとても楽観的です。私もあなたも空でなければ、ここにはいられません。あなたがそこに存在しているおかげで、私もここに存在することができているのです。これが空の本当の意味です。私たちの体は、他から切り離された存在ではありません。観自在菩薩が私たちに理解してほしいと願っているのはこの点です。空とは、無我、つまり「独立した個の不在」という意味です。このように空を理解できるならば、般若心経を正しく把握することができるでしょう。

空こそが万物の存在の基盤だと考える人たちはたくさんいます。しかし、正しい理解では、空が存在するという根拠はないのです。ゆえに、空をあらゆる存在の基盤とするのは間違っています。空は、永遠に不変な存在の土台などではないので、そのような概念にとらわれないことが肝心です。絶対的、究極的な現実でないからこそ、空は空であることができるのです。私たちの頭の中にある空という概念は、削除したほうがよいでしょう。空は空っぽなのですから。

もし私たちが空でなかったら、変化せずに生命活動をしない固体でしかありません。呼吸したり考えたりすることはできません。空であるということは、生きていることであり、息を吸って吐くことです。空は無常であり、変化なのです。空や無常や変化を怖がる必要はありません。むしろ祝福すべきです。

あるとき、一人の男性が私に会いにやってきて、「人生とは、空で、無常で、むなしいものですね」と愚痴をこぼしました。彼はその五年前から仏教徒になって、空と無常についてかなり考えていたのです。ある日、十四歳の彼の娘さんがこう言ったそうです。「お父さん、無常だからって、文句を言わないでちょうだい。もし無常じゃなかったら、私はどうやって成長すればいいの?」もちろん、彼女の言う通りです。

とうもろこしの種をあなたが持っていたとして、それを大地に蒔くときは、背の高いとうもろこしの木になりますようにと願うでしょう。もしも無常がなかったら、とうもろこしの種は永遠に種のまま残り、いつまでたっても食べられるような実は稔りません。無常は、すべての生命にとってかかせないものです。「空のおかげですべてが可能である」とは、二世紀の仏教思想家で中観派の祖である龍樹《りゅうじゅ》が述べた言葉です。* 私たちも無常だと文句を言うかわりに、「無常のおかげですべてが可能である。無常よ、ばんざい!」と言ってみてはどうでしょうか。これが楽観的なものの言いかたです。さらに龍樹の一節は次のように続きます。「空がなければ、すべては不可能である」。ですから私たちは空を祝福してこう宣言しましょう。

「空よ、ばんざい！」

空であるからこそ、私たちは生きていられるのです。

*――「根本中頌」（一般には「中論」）の第二十四章十四節、「空のおかげですべてが可能である。空がなければ、何も可能ではない」

第五章

空の記し——空《くう》相《そう》

聴きなさい、舎利子よ、
すべての現象には、空が記《しる》されている。

舎利子　是諸法空相

空《くう》は三解《げ》脱《だつ》門の一番目の門です。この教えは初期の仏教経典に数多く見られますが、般若心経より千年ほど前に成立しました。
私たちの体、感覚、認知、心の形成、意識は、今この瞬間とその次の瞬間では同じではないことを見てきました。つまり、五蘊《ごうん》は刹那的に変化し、展開しているわけです。そして空が対象としているのは、私たちが「我《が》」と呼ぶところの五蘊だけではありません。あらゆる現象もまた空なのです。

ブッダ在世の時代、神聖なる真我の概念は、インドの精神修行の伝統のほとんどに共通して見られた信仰でした。人びとは、私たちの中を観察して見ることができる変化のすべての底には、変わらないもの、不死の魂のようなもの、つまり何か根本的な要素があると信じて、それを「アートマン」（真我《しんが》）と呼びました。肉体が朽ち果てても、魂は別の肉体の中に存続し、必要なことを学ぼうとして、生と死のサイクルを何度も繰り返す、と信じました。精神修行の目的は、「ブラフマン」（梵《ぼん》）という絶対的で崇高な大きな我に、小さな我であるアートマンを再び結合させることでした（梵我一如《ぼんがいちにょ》）。

しかしブッダは説法を始めたころに、この考えかたに異議を唱えました。「我」と呼ぶようなものはない、と説いたのです。これが革命のはじまりでした。現象はさまざまな原因と条件が形になってあらわれたものであると、ブッダは指摘しました。永遠で不変の現象はひとつもないのです。――そのような存在をアートマンと呼ぶにしろ、ブラフマンと呼ぶにしろ、あるいは個人自我、宇宙真我と言うにしろ、どれひとつとして現象の中に見つけることができないのです。ブッダの教えは、個人自我と宇宙真我のどちらの概念も解体することを目指しました。それなのに、ブッダの入滅から数世紀のあいだに、我についての概念がいくつかの仏教学派の教えの中に潜入しはじめたのです。

説一切有部

説一切有部《せついっさいうぶ》（サルヴァスティヴァーダ）は、一世紀以前にカシミール地方で確立し、インドの北西部で千年ほど栄えた、影響の強い有力な仏教学派でした。この学派に属する数々の重要な経典が、サンスクリット語から中国語に翻訳されました。* この学派はブッダの教えに忠実であろうとし、我という実体はないと説きましたが、同時に、私たちを作り上げている基本要素――五蘊、六根《ろっこん》、六境《ろっきょう》、六識《ろくしき》など（第十一章「星は私たちの意識」を参照）――には、本来の存在はあるというのが事実だとも主張しました。これは、ブッダが決して言わなかったことです。説一切有部によれば、五蘊にはその人の「自我」はないが、五蘊のそれぞれの蘊には、それ自体で独立した実体はたしかにあるというのです。これでは、玉ねぎに芯はないが、それぞれの皮の層には独立した実体がある、と言っているようなものです。さらにこの理論では、あらゆるものを極小の要素に分割することができ、それらは独立した要素として存在しうる、としています。

けれども量子力学の到来とともに、科学者たちはそのように物質を見ることはなくなりました。物質は素粒子から構成されている原子の集合体であり、その素粒子もまた、独立した実体として存在しているのではなく、全体の一部分としてしか存在できないことを認めています。この原則に従うなら、電子は電子以外のものだけから成り立っていることになります。電磁場がなければ、電子は電子ではありえません。陽子にしても、中性子にしても同じことです。それだけが単体で独立した物体ではないのです。中性子は、中性子以外のものからできていて、陽子も、陽子以外のものでできています。宇宙にあるそのものは、それ以外のすべてのものとかかわり合って存在しています。それだけでなく、素粒子は常に動的《ダイナミック》に変動していて、固体として特徴づけることはできないのです。

素粒子から、小さな草や、川、太陽の光、はたまた遠いかなたの銀河系にいたるまで、私たちの観察するこの宇宙に、永遠に変わらないものは存在するでしょうか？ 私たちのこの体でさえ静的なものではなく、細胞から成り立っている川であり、常に流れている動的なものです。私たちの体内の細胞は、一瞬ごとに生と死を繰り返しています。つまり実体も、永遠の魂も、

*――原始仏教経典のマッジマ・ニカーヤ（中部）は漢文経典「中阿含経（ちゅうあごんきょう）」になり、その中の「蛇のより上手な捕まえかたについての教え」は「阿黎吒経（ありたきょう）」として訳された。サンユッタ・ニカーヤ（相応部）はグナバドラが訳出した。

常住不変なものもなく、あるのはただ継続だけです。たとえば、そこに川があるとして、深く観つめてみると、川を流れさせている実体はありません。川を流すための指揮者も、管理人も、指示を与える上役もいません。ガンジス川、ナイル川、ミシシッピ川などの名前はありますが、変わらずに同じままなのは名前ぐらいのものでしょう。川そのものは常に変化し、常に生まれ変わっています。「同じ川に二度入ることはできない」とよく言われますが、*川のほうもまたあなたを二度受け容れることはできないのです。二度目に川に入ろうとしているあなたは、違う人になっているからです。あなたもまた川と同じように、刻一刻と、絶え間なく変わり続けています。

すべての現象は空である

人間の体のみならず、すべての現象には、変化することなくそれだけ独立した実体（自性《じしょう》）はありません（自性の空）。般若心経の中で、観自在菩薩はこの洞察をシャーリプトラに説いているのです。この文脈では、あらゆる現象の空について説くブッダのもともとの教えを復興させたいという大乗仏教の意思の象徴が観自在菩薩であり、シャーリプトラは阿毘達磨《あびだつま》の象徴です。阿毘達磨は、説一切有部のように仏教哲学の諸学派の中心となった、仏説を体系化して分析する教えです。

　インタービーイングの教えは、どんなものでもそれだけが独立して存在することはできない、それぞれのものはそれ以外のものとかかわり合うことによってのみ存在できる、という教えです。無常とは、常住不変なものは何ひとつない、ということです。インタービーイングは独立した実体はないという意味ですが、無常もまた独立した実体はないという意味です。つまり空というものを、《空間》の視点から観ると「インタービーイング」と呼び、《時間》の視点から観れば「無常」と呼んでいるわけです。

　あらゆる現象には空が記されています。時間においても、空間においても、本質的にそれだけ分離して独立した性質はありません（諸法空相《しょほうくうそう》）。もしあなたが、人には独立した実体はないが、五蘊には真の実体はあると言うのなら、ブッダの教えを五〇パーセントしか理解できていないことになります。独立した実体は何ひとつないのです。この悟りは、大きな喜びです。


*——ヘラクレイトスの名言。ヘラクレイトスはギリシャの哲学者、自然哲学者、紀元前五四〇～四八〇年ごろ。

第六章

継続おめでとう——不《ふ》生《しょう》不《ふ》滅《めつ》

聴きなさい、舎利子よ、
すべての現象には、空が記《しる》されている。
その本質は、生じるのでもなく滅するのでもない、

舎利子　是諸法空相　不生不滅

私たちは日々、生と死を目の当たりにしているというのに、どうして観自在菩薩は「生まれることはなく、死ぬこともない」と言ったのでしょう？

では、今から、左から右へ一本の線を引きます。その線は時間をあらわすものとしましょう。

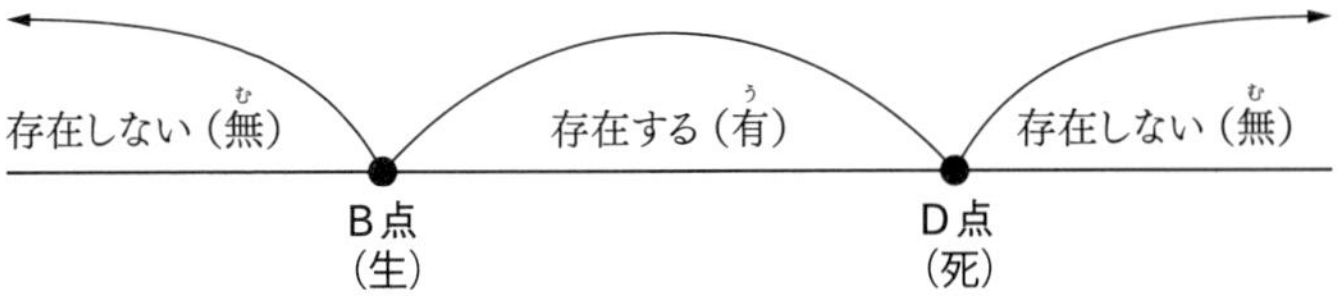

線の左側は過去、右側は未来だと想像してみます。その左側にあるひとつの点を「B点」、つまり、あなたが生まれた瞬間の「生」Birthの起点とします。

ところが「B点」と名付けると、もう問題が発生します。あなたは、生まれる前は存在していなかった、「無」の領域に属していた、存在しはじめたのは誕生した「B点」から後だ、と考えます。さらに、その線に沿って人生を生き、はるか向こうの「死」Deathの「D点」に達するまで、ずっと同じ人間であり続けると信じます。そして、「D点」に着いたらもう存在しない、と考えます。〈有〉の世界から〈無〉の世界にふたたび移行することになります。

今度は、一羽のめんどりが卵を産もうとしているところを想像してみます。その卵は、めんどりが産み落とす前に、すでにめんどりの胎内に存在しています。同じように、あなたも外界に出てくる前に、お母さんの体の中に九か月間入っていました。あなたが生まれる「B点」以前にすでに存在していたことに疑いをはさむ余地はありません。すでにそこに存在しているのなら、わざわざ生まれる必要はないというのが事実です。でも、もともと存在していないなら、あるとき突如として、存在することはできるのでしょうか？　どうやったら無であることから「何か」になるというのでしょう？

じつは、あなたは受胎する前にもうすでに存在していました。あなたをつくっている要素のうち、半分は父親、もう半分は母親の中にあって、それには遺伝子や染色体だけでなく、思考、信条、資質、才能なども含まれています。もっとさかのぼるならば、あなたの祖父母や、曾祖父母、そのまた両親とその祖父母の中にも、あなたは存在していることがわかるでしょう。深く観ていくと、あなたは存在していないときなどなかったのです。あなたのお母さんがあなたを産んだ日は、あなたが生まれた日ではなかったのです。あなたがそのような形になってあらわれた日に過ぎません。あなたはいつも存在していたのです。生まれることはなく、あるのは継続だけです。あなたが誕生日と呼んでいる日は、本当はあなたの「継続の日」なのです。今度その日を祝うときは、「継続の日、おめでとう」と言ってみましょう。

では、ここでもう一度、あの一枚の紙を深く観てみましょう。紙が生まれたのは、木材パルプを平たく伸ばして一枚の紙にした瞬間でしょうか？　いいえ、それは正しいとは言えません。紙はそれ以前にも、木材パルプ、一本の木、一枚の葉、太陽、雲など、さまざまな形として存在していたのです。そして今もそうなのです——紙は、雲、木、太陽の光であり続けています。私たちの知性を働かせて、その紙に触れれば、そこには森や太陽の光など、一枚の紙の存在を可能にしたすべてのものを感じ取ることができるでしょう。その一枚の紙から、森などの紙以外の要素を取り除いてしまったら、その紙はもう存在しなくなり、形としてあらわれることができなくなってしまいます。その紙は前世では、木や森、太陽の光、雲や雨であっただけでなく、今世でも同じように木や森、太陽の光、雲や雨であり続けているのです。それは紙が、たくさんの原因と条件が集まってできた形あるものだからです。

したがって、その紙が誕生した瞬間とは、本当はその紙が生まれたときではありません。――紙は無から生じたのではないのです。その紙の真理は、「不生《ふしょう》」です。紙は一度たりとも生まれたことはないのです。一枚の紙という形になってあらわれた瞬間は、生まれた瞬間ではなく、継続の瞬間なのです。さらに深く観ていくならば、この私も、前世では雲だったことがわかります。これは詩ではなくて科学です。あの一枚の紙のように、前世だけでなく、今もまだ私は雲なのです。私は大地、水、空気、火からできています。私が飲む水は、かつて雲でした。私が口にする食べものは、かつて太陽の光であり、雨であり、大地でした。まさに今この瞬間に、私は雲であり、川であり、空気なのですから、前世でも、雲や川や空気だったとわかるのです。そして私は石でもあり、水に含まれる鉱物成分でもありました。私は前世を信じるかどうかを問題にしているのではありません。それが地球の生命の歴史なのです。私たちは大気、太陽光、水、菌類、植物として存在してきました。単細胞生物だったときもありました。

ブッダは過去世のひとつで、木、魚、鹿であったと言いました。迷信ではありません。私たちの一人ひとりは雲であり、鹿や、鳥や、魚として存在してきたのです。そして今日もまた、私たちはそのようにあり続けています。

創られるものはなく、壊されるものもない

「生まれる」という概念は、私たちの意識がつくり出したものです。しかしそれがあると考えたとたん、死もあるはずだという考えも、当然のようについてきます。しかし、この世界の真実のありかたは、何も生まれず、何も死なないということです。雲とて、生まれたわけではありません。生まれるということは、何もない無の状態から何かになるということですが、雲はそうではありません。雲として空に浮かぶ前は、無ではありませんでした。雲は、大海の水でした。太陽が放った熱でした。空に昇っていく水蒸気でした。空に消えていって目に見えなくなっても、死んではいないのです。雨や雪に形を変えただけです。「死」の概念もまた、私たちの意識の産物です。「有」が「無」になるのは不可能なことです。雲は死んでいません。雨や霰《あられ》や雪となり、やがて川となり、私のこの両手の中の茶碗に入ったお茶になりました。そのように、雲の本性は「不生不死」なのです。

では、あの一枚の紙はどうなるでしょうか？　死ぬことはできるでしょうか？　あの紙を破壊したいならマッチさえあればいい、火をつければ燃え上がって無に帰すだろう、と私たちは考えます。しかし真実はそうではありません。一枚の紙を燃やせば、紙としては存在できなくなりますが、何か他のものに変化して、他の形として続いていくことでしょう。――きっと灰や煙や熱となって、私たちの体や宇宙に溶け込むでしょう。その熱も、空に昇っていく煙も、紙の来世のひとつです。そして灰は大地に戻り、土壌の一部になるでしょう。あの一枚の紙は、来世では雲とバラの両方になるかもしれません。一枚の紙は一度も生まれたことはなく、決して死ぬこともないということに、私たちが目覚めるには、よくよく注意して気づいていなければなりません。一枚の紙は他の形になることはできますが、私たちには一枚の紙を無に帰すことさえできないのです。

宇宙の万物はそのようなものです。あなたと私もそうです。私たちは生と死には左右されないのです。

禅の老師が、こんな瞑想の課題を弟子に出したとしましょう。

「お前は、お前のご両親が生まれる前は、どんな顔をしていたのだ？†」

この問いは、さまざまな形をとってあらわれてきた、あなた自身のすべてに目覚めるための旅に出なさい、という誘《いざな》いです。深く観るならば、あなたの過去世も未来世もわかることでしょう。私は抽象的な哲学についてではなく、目の前のこの現実について話しています。さあ、あなたの手を見て、自分に問いかけてみましょう。

「私のこの手は、一体いつからあるのだろうか？」

深く観ていくと、その手は何百年、何千年もの長いあいだ、存在していたことがわかります。あなたの手の中には、何世代にもわたる祖先が見えるでしょう。祖先は過去の時代に生き、今この瞬間にもここにいます。あなたはその続きなのです。あなたのご先祖さまは一度だって死んだことはありません。一度でも死んだのならば、どうしてあなたの手はまだそこにあるのですか？

フランスの科学者のアントワーヌ・ラヴォアジェ（一七四三―一七九四）は、「創造されるものは何もなく、破壊されるものも何もない」と言いました。般若心経の教えはまさにそれなのです。現代の最高の科学者をもってしても、ちりや電子ほどの小さなものさえ、無になるまで減らすことはできません。何か形のあるエネルギーが、別の形になったエネルギーに変わるだけのことです。「有」を「無」にすることは、たとえひとかけらのちりでも絶対にできないのです。

葉っぱの瞑想

ある秋の日、公園を散歩していた私は、とても小さくて美しいハート型の葉っぱを観ながら瞑想に浸りました。その葉は赤い色に変わりつつあり、なんとか枝に残っていましたが、今にも落ちそうでした。私は長い時間、この葉っぱと一緒にいて、たくさんの問いかけをしました。するとその葉は、木の母親であることがわかりました。普通なら、木が母親で葉っぱは子どもだと考えますが、その葉をよく観てみたところ、母親でもあることがわかったのです。木の根が吸い上げる水分は導管液と呼ばれますが、その成分は水分とアミノ酸とミネラルだけで、木が育つのに十分ではありません。そこで木は木部樹液を一枚一枚の葉に送り、葉は太陽と二酸化炭素の力を借りて糖分の豊富な師管液に変え、木に送り返して木を育てます。それで葉は木の母親でもあるのです。葉っぱは幹を通して根っことつながっていますから、そのあいだにや

†——禅の逸話として知られる香厳撃竹（きょうげんげきちく）の中に出てくる公案。兄弟子の潙山霊祐（いざんれいゆう）によって投げられたこの公案を、香厳智閑（きょうげんちかん）は解くことはできなかった。しかし後年、竹の根っこにあたった石の音によって悟りを開いたという。

りとりがあることは見てわかります。

私たちもこの葉っぱのようなものです。私たちは子宮の中にいたころ、へその緒という幹によって母親とつながっていました。栄養はすべてそこから得ていました。母親は私たちのために呼吸し、食べて、飲み、何もかもやってくれました。そしてある日、へその緒が切られると、私たちは母親とは別の異なる存在であるかのように考えはじめたのです。しかし事実として、母親はそれまでのように私たちを養い続けました。私たちの細胞一つひとつの中には、私たちの両親がいます。私たちは母親から栄養とともに苦しみや問題をもらい続け、母親の胎内にいたときのように影響を受け続けます。へその緒はまだそこにあります。十八歳になるまでではなく、一生そこにあります。

そのへその緒を見ることができるなら、私たちのまわりのすべての命と私たちをつなぐ無数のへその緒も見えはじめます。たとえば、私たちと川のあいだにはへその緒があります。毎日飲んでいる水は、山の泉や小川から、ここのキッチンまで流れてきたのです。ですから、川もまた母親であり、私たちとのあいだにへその緒があります。それがまだ見えないなら、じゅうぶんに深く観ていないということです。雲と私たちのあいだに、そして森とのあいだにも、太陽とのあいだにも、また別のへその緒があります。太陽は私たちにとって親のような存在です。太陽とのつながりなくしては生きられず、何ひとつできないでしょう。私たちは数えきれないほどの親から栄養をもらい、養われています。川、野生の動物、植物、土、すべての鉱物は、地球という星のあらゆる現象の父親であり母親です。だからこそ仏教経典では、生けるものは無数の生を繰り返しながらずっと私たちの親として存在していると言っています。

　私たちと世界のすべて、宇宙ぜんたいをつなぐへその緒もあります。あなたには、私とのつながりが見えますか？　あなたがそこにいなければ、私もここにいません。それは確実です。もしあなたにまだ私が見えないなら、もっとよく観てごらんなさい。かならず見えるはずです。

　あの秋の日、私は葉っぱに尋ねました。秋になって他の葉たちが落ちていくのは怖くないか、と。するとその葉は私に答えました。「いいえ。春と夏のあいだずっと私はとても活き活きしていました。一生懸命に働いて、木に栄養を与えるように助けました。私の大部分は木の中にあるのです。どうか、私はこの形だけだと思わないでください。このような葉としての形は、私のほんの小さな一部分でしかありません。私はこの木ぜんたいです。この木の中にすでにいることを私はわかっています。やがて土に戻っても、これまでのように木を養い続けることでしょう。だから心配してはいません。枝を離れてひらひらと地面に舞うときは、木に手を振り、すぐにまた会いましょう、と言うつもりです」

　突然、私は般若心経にある智慧とひじょうによく似た洞察があることを見てとりました。命を「観」なくてはいけないのです。葉っぱの命ではなく、葉の中にある命、木の中にある命と言うべきです。私の命は大いなる命そのものであり、その命は私の中にも木の中にも見ることができます。やがて、葉は枝から離れると、嬉しそうにひらひらと舞いながら、地面に降りました。その葉っぱは散りながら、木の中にいる自分を見ていたのです。葉っぱはとても幸せでした。私は頭を下げました。怖れることのないこの葉から学ぶことはたくさんあると知ったからです。何ひとつとして生まれることはできず、死ぬこともできないのです。

私はこの体以上の存在

地面に落ちて死ぬものが葉っぱという存在のすべてだと考えるのは誤りでしょう。この葉は生きた九か月のあいだに、ずいぶん遠くまで旅をしました。葉は呼吸をして酸素を作り、それは私たち人間の中に入りました。私たちが歩く瞑想をするときは、葉が作り出した空気を含む新鮮な大気を吸い込み、その栄養を受け取っています。地面に落ちたあの葉っぱは、私たちの中と、それから自分が離れた木の中に入りました。あの葉っぱが入り込んだ先をすべて見つけるのは簡単なことではありません。私たちが見る地面の上の葉っぱの屍《しかばね》がそのまま葉のすべてであると考えてはなりません。そのように同一視しないときだけ、あの葉っぱを真に見ることができます。あの葉は今いたるところに存在しています。

何か月間も木に栄養を送り、他の生きものを養い、木陰をつくり、生命を美しくするというすばらしい仕事をした後で、葉っぱはそれらすべてを手放し、何の怖れも持たずに、優雅に地面に舞い降りました。怖れがないのは、すでにさまざまな方向に自分が含まれていることを知っていたからです。地面に落ちていく自分の体は、ほんの小さな一部でしかなく、やがて大地とひとつになるのですから、その形を自分だとは考えません。未来には再び葉や花になるかもしれないのです。得るべきものは何もなく、失うものも何もありません。

一枚の葉を見るときは、このように深く観て、その縁起の生起を理解し、その葉が葉の中にだけ存在しているのではないことを見てとります。木の中に、そして他のすべての現象の中に存在しています。このように観ることができれば、嘆きも悲しみも消えていくのでしょう。

「怖れない」という贈りもの

あなたが空の本質に目覚めたなら、「怖れない」という贈りものを他と分かち合うことができます。この施無畏《せむい》という貴重な贈りものは、死にゆく人に対しても役に立ちます。だれか死にかけている人がいて、その人が「自分はその体以上の存在ではない」という概念にとらわれていると、強い怖れが出てきます。私たちの体は独立した実体ではないという、現実そのものに目覚めることが重要です。私たちの体は、この体以外のものから成り立っています。この体の外にずっと続いています。一度この体の本質を見抜ければ、この体が生まれることも死ぬことにも、来ることも去ることにも、もう左右されなくなります。もしも怖れがあるならば、それはまだこの体を本当に観てはいないのです。この体の本質（本性）に触れられているおかげで、私たちは悲嘆と怖れを乗り越えられるのです。

この体は私自身ではないことを、瞑想を通して深く観ていくのに、死の床につくまで待つ必要はありません。この真理を深く観るためには、すぐにはじめるべきです。そうすれば死にゆく人を助けることができ、自分が死ぬときも怖れることなく、安らかでいられます。

たいていの人は、生死の世界に生きることに慣れていて、不生不死の世界を忘れています。私たちは、今まさにこの瞬間に、不生不死の命を生きていることを知らねばなりません。ただここで、「知る」という言葉がとても大事です。「知る」ことは、目覚めることで、その覚醒がマインドフルネスなのです。瞑想で行うすべての取り組みは、あるひとつのことに目覚めることを目的としています。それは、どのようなものによっても、どんなやりかたであっても、私たちは決して生死に左右されないということです。

大学院で博士号を取るために、来る夜も来る夜も一年また一年と徹夜して研究し、六年も七年もの人生を捧げる人もいます。一方私たちは、般若心経がさし出す洞察を深く見つめるために、はたしてどれだけの日々と年月を捧げているのでしょうか？　般若心経を学ぶことは、知的な遊びではありません。自らの解放にかかわることです。般若心経を学ぶならば、私たちの生きる日々の現実への洞察を得て、自分自身を悩みや苦しみや怖れから解放することができます。

第七章

ひまわりが見えますか?――八《はっ》不《ぷ》中《ちゅう》道《どう》

聴きなさい、舎利子よ、
すべての現象には、空が記《しる》されている。
その本質は、……
有るのでもなく無いのでもない、

舎利子　是諸法空相　不生不滅

私が住むプラムヴィレッジは、フランス南西部のドルドーニュ地方というひまわりが有名な土地です。しかし、四月にリトリートに参加しようとやってくる人たちは、そのひまわりを見ることはありません。プラムヴィレッジにはひまわりがたくさんあると聞いているのに、どこにも見つけられないのです。でも地元の農家の人たちに聞けば、ひまわりはとてもよく見えているよ、と教えてくれることでしょう。なぜなら、彼らはその種を蒔いたからです。大地を耕し、種を植え、肥料を撒きました。ひまわりが形としてあらわれるには、あとひとつだけ条件が必要なこともわかっています。残る最後の条件はあたたかさです。あたたかくなりはじめると、ひまわりの種は発芽します。六月と七月に温暖な陽気が続けば、やがて花が咲くでしょう。

つまり、農家の人たちには訪問者にはまだ見えないものが見えるのです。ひまわりがひとつもないと言うのは、ひまわりがあらわれるための隠れた原因と条件が見えていないからです。私たちには、目に見えないと存在しないと考えてしまう傾向があります。目に見えるようになると、そこでいきなり存在するわけです。しかしじつのところ、「存在しない」という言葉は本当は正しくなく、「存在する」というのも正しくありません。私たちは、何かがまだ形になってあらわれていないと存在しない「無」の領域にあるといい、形になってあらわれると存在する「有」の領域にあると考えるようです。しかし「存在する」のも「存在しない」のも、この二つの分類のどちらも、ありのままの現実に一致していません。だから、ひまわりがあると言うために、畑に大きな黄色いひまわりが咲くまで待つことはないのです。ひまわりはそこにあって、隠れているだけです。それが私たちに見えるかどうかは、時間と潜在的な条件の問題なのです。

私たちの体もまた、条件によって成り立つものです。それは形としてあらわれたものであり、そのようにあらわれるには諸々の原因と条件が集まらないといけません。ひまわりにしても、ひとつの要素でも欠けていたら、形になってあらわれてはこないでしょう。ブッダがひじょうにはっきりと説いているのは、何かがそこに形としてあらわれてもそれはどこかからやって来たのではない、形としてあらわれなくなってもどこかに去るのではない、ということです。生まれることはない。死ぬこともない。有から無の領域に移行するのではありません。

絶対と相対

真理は、「真諦《しんたい》」——絶対的な究極の真理（パラマールタ・サティヤ）と、「俗諦《ぞくたい》」——相対的な便宜上の真理（サンヴィルティ・サティヤ）いう、二つのレベルで語ることができます。

生まれることと死ぬこと、存在することと存在しないこと、上と下、来ることと去ること、同じことと異なること、汚れていることと清らかであること、増えることと減ること。これらはどれも現象の次元における便宜的な真理だと言えるでしょう。私たちはこれらの概念を日常の生活で使っていますが、歴史的（俗界の）次元の、便宜的な真理として活用するには便利な方便《ほうべん》です。もし出生日を証明する出生証明書がなかったら、パスポートやＩＤカードは作れるでしょうか？　そのように生と死は大切なものです。上と下も大切です。右と左も大切です。政治についていては、あなたは右派なのか左派なのかをわかっていなければなりません。車に乗ってカーナビゲーションに従って移動しているときは、左は右ではないこと、右は左ではないことを知っておかねばなりません。

便宜的な真理のレベルでは、相対する一対のペアがいたるところにあります。「あなた」がいて「私」がいる。「父親」がいて「息子」がいる。父親と息子は相等しくはなく、お互いに異なるものです。人間は動物とは異なる。動物は植物とは異なる。植物は鉱物とは異なる。便宜的な真理のレベルにはこんな分離があります。お互いにそれぞれの外に他が存在しています。

けれどもずっと近づいて観察してみると、違うものが見えてきます。究極の真理では、それぞれのものは、じつは他の中に存在しています。父親と息子は別の人間だと私たちは考えますが、本当はこの二人のあいだには境界はありません。父親は、息子を過去にさかのぼった先のつながりであり、息子は父を未来に伸ばしていった先のつながりです。これが究極の真理であり、その次元では、あらゆるものがそれ以外のすべてのものの中に存在しています。――あらゆるものがお互いの中に深く入り込んでいるので、「外側」や「内側」といった概念は適用できません。

「上」と「下」の概念も同じです。エレベーターの前に立っているとしましょう。そこで自分は上に行きたいのか、下に行こうとしているのかを知っていなくてはなりません。十階にとどまるか、地上階まで降りるかを知るには、上と下の概念が必要です。でも、ここフランスから地球の反対側に位置する日本にいる人びとに聞いたら、同じ答えは返ってこないでしょう。私たちがエレベーターで「上」に行くのを日本の人が見たら、下に降りているように見えるはずです。このように「上」と「下」の概念は相対的な真理でしかありません。究極の真理には、上もなければ下もないのです。来ることと去ること、生まれることと死ぬこと、有ることと無いこと。すべての対になる概念についても同じことが言えます。

中道を見いだす

八《はっ》不《ぷ》中《ちゅう》道《どう》として知られている教えは、「生じるのではなく、滅するのではない」――不《ふ》生《しょう》不《ふ》滅《めつ》、「存在するのではなく、存在しないのではない」――不《ふ》断《だん》不《ふ》常《じょう》*、「来るのではなく、去るのではない」――不《ふ》来《らい》不《ふ》去《こ》、「同じではなく、異なるのではない」――不《ふ》一《いつ》不《ふ》異《い》の八つです。**生じることと滅すること、有ることと無いこと、来ることと去ること、同じであることと異なることの八つの相があります。しかしこれらは、形あるものと現象のすべてを説明する究極の真理にはまったく適合していません。あらゆる現象の本質に触れるには、これらの相対するもののあいだに中道を見いだしていくのです。

従来の般若心経のサンスクリット語訳と中国語訳では、存在することと存在しないことについては言及していません。伝統的な経文では、「不生不滅」「不垢不浄」「不増不減」の三つの否定だけです。究極の真理に触れるには、あらゆる相対する組——すべての二元的なもの——を超越することが必要です。今回の新しい英訳でno beingとno nonbeingを加えた理由は、みなさんが〝空とはそこに存在しないことである〟といったように間違って考えてしまう罠にはまらないように、空についての説明に不常と不断の部分が入っていなければならないと考えたのです。不常不断を理解すれば、不生不滅を理解する助けになります。そうすれば、何かものごとについて説明するときに、それが「存在しているのか」または「存在していないのか」のどちらかに分けて考えてしまうことを防ぎます。

*——原典では、「(死後に)断滅することなく永遠なのでもない」とあり、不断・不常の順番で説かれている。

**——八不中道は、ナーガールジュナ(龍樹)「根本中頌」の冒頭にある有名な奉納偈の中で紹介されている。三論宗の三論(教義解説)のうちのひとつで、インド大乗仏教哲学のマディヤマカ(中論派)に相当する中国仏教の教え。

神は存在するか？

西洋の哲学や神学では多くの時間を費やして、あるものは存在するか存在しないかを証明しようと試みてきました。たとえば、「神は存在するか」といった命題に懸命になっています。何ひとつ満足する結論にまったく達しないまま、二千年ほどその議論を続けています。ある集団は神はいると言い、別の集団は神はいないと主張します。しかし仏教では二千年以上も前から、究極の境地は、存在することと存在しないことの両方を超越するものだと言い続けてきました。もしも神が究極であるならば、当然、神はどちらも超越しなければなりません。存在と非存在はともに、あるがままのひとつの現実のうちの二つの顔でしかないので、神は存在するとも存在しないとも言えません。

ものごとは存在するというのはひとつの極端な見かたで、存在しないというのもまた別の極端な見かたです。どちらの考えかたも乗り越えねばなりません。それにはインタービーイングという用語が役に立ちます。「being存在する」という単語に、接頭辞の「inter〜の中に」をつけると、「interbeingインタービーイング」（相互存在）となり、「nonbeing存在しない」の反対語ではなくなります。インタービーイングには反対語はありませんから、二元的な思考に陥るのを防ぐのに活用できます。

この用語には、ビーイングという単語が残っていますが、それによって逆にビーイング「存在する」という考え方から脱出する助けにもなります。この概念は、概念ではあっても、あなたを究極の真理に導くように助けるものです。インタービーイングとは、あなたはひとりきりで存在することはできない、お互いにかかわり合いながら存在することしかできない、という意味です。インタービーイングは、便宜上の真理と究極の真理をつなげることができるので、あなたを徐々に空に導くことができます。空とは、あるがままの現実の本性を代表しています。空のレベルでは、始まりもなく終わりもありません。生まれることもなく死ぬこともありません。そのようにして、存在することの概念も、存在しないことの概念も取り除かれていきます。

存在することと存在しないことは二つの相対する観念ですから、ふたつの見解についてぶつかり合い、討議することになります。一方、究極の真理について語るときは「空」などの言葉を使いますが、このようにして使われる空には、反対語がありません。はじめは、「emptiness空」の反対は「fullness充満」なのかと思いますが、先に説明したとおり、空であることが充満していることなのです。あなただけ分離しているというような実体は空っぽで、そのあなたには宇宙がぎっしりと詰まっているのです。ですから「空」は「神」と等しい表現だと言えるのではないでしょうか。神も空も究極の存在です。空は観念や概念が不在であることです。観念や概念を使って神を説明することはできませんし、存在するか否かを語ることもできないでしょう。存在と非存在の観念は、究極の境地には応用できないので、神は存在すると言うのも、神は存在しないと言うのも、どちらも意味を成しません。

西洋では、二千年以上もの間、存在するのか否かが問題とされてきました。しかし仏教では、存在するか存在しないかは問題ではありません。存在と非存在の観念を超えることを修行して、現実の本質を見抜くために存在と非存在のあいだの境界を消すのです。あるときブッダは、「現実を正しく見ること（正見《しょうけん》）とは一体何なのでしょうか」という質問を受け、それは存在と非存在を超越する見かた*であると答えました。これが仏教で言うところの「正見《しょうけん》」です。もしも今、だれかから、「あなたは存在しますか、存在しませんか？」と訊かれたなら、こう答えればいいのです。「私は存在と非存在の観念にとらわれていません。存在することにも、存在しないことにもとらわれてはいません。私はあらゆるものと相互にかかわり合って存在し合うことしかできませんから！」正見はすぐにできる簡単な洞察です。議論で時間をむだにしなくて済みます。正しく見ることは、私たちの体力も、話すための唾液も、資料を印刷するためのインクもたくさん節約できて役に立ちます。

*——チャンナ・スートラと迦旃延（かせんねん）経にある教え。漢文経典はサンユッタ・アガマ（雑阿含経）三〇一。これに相当するパーリ語経典はサンユッタ・ニカーヤ（阿含経相応部）一二—一五。本書著者によるこの経典の英訳と解説に Beyond the Self (Parallax Press, 2009) がある。

第八章

バラと生ゴミ――不《ふ》垢《く》不《ふ》浄《じょう》

聴きなさい、舎利子よ、
すべての現象には、空が記《しる》されている。
その本質は、……
汚れたのでもなく清らかなのでもない、

舎利子　是諸法空相　……　不垢不浄

「汚《けが》れているのか、無垢なのか」「きたないのか、清いのか」。どれも私たちが心の中で作り上げた概念です。花瓶にさした美しいバラを見ると無垢だと思います。バラの香りは清らかですがすがしいものです。それは清らかという概念を裏切りません。その反対にあるのがゴミ箱です。ひどい臭いで、腐ったものであふれかえっています。これはよごれていると見なします。けれども、汚れていることと清らかであることの概念をよくよく観ていくと、そこにはインタービーイングの洞察に触れられるチャンスがあります。

バラは五、六日もすれば生ゴミの一部になります。五日も待たなくても、それはわかります。バラを深く観ていきさえすれば、まさに今そのことがわかります。そしてゴミ箱の中を観るならば、数か月後には、その中身はバラに変わっていくのが見てとれるでしょう。

あなたが腕の良い有機栽培の園芸家で、菩薩の眼をもっている人ならば、バラを見ればそこに生ゴミを見てとり、生ゴミを見ればそこにバラを見抜くことができるでしょう。バラと生ゴミはお互いにかかわり合って存在しています。バラがなければ生ゴミはありませんし、生ゴミがなければバラもありません。どちらも等しく大切です。生ゴミはバラと同じぐらい貴重なのです。

善くも悪くもない

私たちは自らの善悪の概念にとらわれています。善だけが欲しくて、悪はすべて取り除きたいのです。でもそう思うのは、善が善以外の要素で成り立っているということを忘れてしまっているからです。たとえば、私がきれいな一本の枝を手に持っているとしましょう。分け隔てのない心でそれを見ると美しい枝が見えます。しかし、こちらの端は左であちらの端が右だと、区別をつけたとたんに問題が生じます。左だけが欲しい、右はいらない、と言ったとたんに問題になります。政治として考えてみるなら、右派がいなければ、どうやって左派になれるというのでしょうか？　ではここで、この枝の右端はいらない、左端だけ欲しいとしましょう。そこで、この美しい現実の半分を折って捨てます。ところがそのとたんに、残った枝は新たな右端になります。——左が出現すると同時に右も存在しなければならないのです。そこでイライラして、もう一度残りの枝を半分に折っても、まだ右と左はあります。

善と悪についても同じことが当てはまるのではないでしょうか。あなたは善だけになることはできません。悪を完全に取り除くように願っても、その見込みはありません。善は悪があるおかげで存在することができるのであり、その逆も真だからです。英雄が登場する劇を上演するなら、英雄が英雄の役を果たせるように悪役を配置しなければなりません。仏教にはマーラという名の悪役がいるのですが、ブッダが悟りに達するのを邪魔しようとした悪魔です。これからみなさんに紹介するのは、ブッダとマーラの話で、善と悪の関係についての仏教的な洞察をあらわしたものです。

ブッダとマーラ

ある日、ブッダは自分の洞窟の中に居ました。アーナンダはお付きの者として、その入り口の扉近くの外に立っていました。すると、突然マーラがやって来るのが見えて、アーナンダは驚きました。あのマーラだけはどうしても嫌だったので、「どうか私に気づかないまま、どこかに行ってくれ」と思いました。けれども、マーラは彼の元にまっすぐ歩いてくると、ブッダに会いに来たと告げてほしいと頼んだのです。

アーナンダは言いました。「あなたはなぜここに来た？　ずっと前に菩提樹の下でブッダに敗れたことを忘れたのか？　ここに来て恥ずかしいと思わないのか？　向こうに行け！　世尊はお前にはお会いにならない。お前は邪悪だ。ブッダの敵だ」

これを聞くと、マーラは大笑いをはじめました。「お前の師匠には敵がいると、そう言うのか？」アーナンダはひどく赤面しました。ブッダは敵がいると言ってはいないことを、マーラは知っていたのです。こうしてアーナンダは負かされました。彼は洞窟の中に入り、マーラの来訪をブッダに伝えました。どうかブッダが、「私はここにはいないと伝えなさい。会合の途中だと言いなさい」と答えてくれますようにと願いました。

ところが、かねてからの旧友のマーラが会いにやって来たと聞いて、ブッダは大喜びしました。「マーラなのか？　中に入れなさい！」と言ったのです。アーナンダは苦痛を感じました。マーラが中に入って来ると、ブッダは立ち上がり、特別な客を迎えるように挨拶をして、マーラを上座に座らせました。そして、とびきりあたたかいしぐさでマーラの手をとり、こう言いました。「やあ！　元気でしたか？　どうしていたのです？　すべてうまくいっていますか？」

ブッダはアーナンダに、二人分の薬草茶を入れて持ってくるよう言いつけました。アーナンダは心の中で言いました。「世尊のためなら、私は一日に百回だってお茶を入れられる。だが、マーラごときに一杯のお茶でも入れてやるのは屈辱だ」。でもそうだからといって、先生の命令を拒むことなどできるでしょうか？　彼は、ブッダと、それから客だと言いはるあの者に薬草茶を用意しながら、二人のそばで会話に聞き耳を立てました。

ブッダはとてもやさしく、「ずっと、どうしていたんです？　今はどうなのですか？」と繰り返しました。

マーラは答えました。「ちっともうまくなんかいっていないさ。マーラでいるのはもう飽きた。何か他のものになりたいんだよ。――そう、ちょうどお前みたいなやつだ。お前ときたらどこに行っても歓迎されて、人間たちはひれ伏して供物をそなえるのだからな」

これを聞いたアーナンダはぞっとしました。マーラは続けました。「いいか、マーラでいるのはそんなに楽なことではないのだ。話すときは、謎めいた言いかたをせねばならん。何かやるときは、悪だくみをして邪悪に見せねばならん。そういうのはぜんぶ、もうたくさんなのだ。だが腹がおさまらんのは俺の弟子たちだ。今では社会正義だの、平和だの、平等、解放、非二元性、非暴力などと抜かしおる。前は俺の言うことを何でも聞いたくせに、今じゃ刃向ってくる。俺の軍の指揮官どもは、坐る瞑想をやりたいなどとほざいておる。信じられるか？ マインドフルネスを実践したい、歩く瞑想をしたり、黙って食べたり、命を守って、地球環境を保護したいなどと言って、俺を激怒させるのだ。まったく、だれの入れ知恵なのか。もううんざりだ！ あいつらをまとめてお前にくれてやろうか。俺は何か他のものになりたいのだ。なあブッダよ、俺とお前の役割を取り替えないか？」

アーナンダは恐怖のあまり震えだしました。マーラがブッダになり、ブッダがマーラになるとは。彼はすっかり悲しくなりました。

ブッダは注意深く話を聴きながら、慈悲の心に満たされていましたが、ようやく、静かな声でこう言いました。「ブッダであることがそんなに楽しいと思いますか？ あなたは私が弟子たちにどんなことをされてきたのか、わかっていない。私が口にしたこともない言葉を、私が言ったことにするのです。派手な寺院を建ててそこに私の像を祀りあげ、自分たちのためだけにバナナやみかんやもち米を集めようとしています。私を包装紙で包んで、私の教えをパッケージ商品にしているのですよ。マーラよ、ブッダであることが現実的にどんなものかわかったならば、あなたは絶対になりたくはないはずです」

＊＊＊

西洋では長年、悪の問題と格闘してきました。なぜ悪は存在し得るのでしょうか？　西洋の心でそれを理解するのはむずかしいようにも思われます。しかし、非二元性に照らしてみれば問題はありません。善の概念が生じるやいなや、悪の概念は起こります。ブッダがあらわれるためにはマーラが必要であり、その逆もしかりです。ブッダは一枚の紙と同じように空であり、ブッダはブッダ以外のものから成り立っています。このようにして現実を認識すれば、バラに味方してゴミを差別することはなくなるでしょう。きっとあなたはどちらも大切にするはずです。

名前の問題

アメリカ合衆国は、長年、さまざまな他国を悪者にしようとしてきました。北ベトナム、旧ソ連、イラン、イラク、そして北朝鮮。アメリカ人の中には、他の国がなくても自分たちだけで生き残れるのだという妄想を抱いている人さえいます。一方、他の国もまた、アメリカなくても存在できると信じているかもしれません。そのような人たちは、アメリカのことを「アメリカ帝国主義」「異端者」と呼び、悪いのはアメリカ帝国主義者であり、自分たちが幸福になるためには、アメリカを排除しなければならないと言うかもしれません。しかしそれは二元的なものの見方です。左端なしで右端だけで存在できると信じるのと同じことです。どちらかの側につくと、現存するこの世界の半分を排除することになるわけですが、それは不可能なことです。

アメリカ合衆国を深く観るならば、そこにはイランが見えます。そしてイランを深く観れば、そこにはアメリカが見えます。しかし国際政治では、自らはバラであるかのようにふるまい、もうひとつの側を生ゴミ呼ばわりします。最近、ある若者が私にこんな質問をしました。「それぞれは違っていても本当は一緒でひとつなのに、どうしてそれぞれに違う名前をつけるのですか?」これはとてもいい質問です。私はこう答えました。「それが問題の根源なのです。それぞれの場所にアメリカ、イラン、イラクなどと違った名前をつけますが、実態としては、どれもみな地球に属しているのです。イスラエルとパレスチナはひとつの体の右手と左手です」

あなたが生き残りたいならば、もう半分も生き残るように働かねばなりません。生き残るというのは、人類の一部でなく、人類全体としてサバイバルするということです。これはアメリいカと中東だけでなく、東洋と西洋、北と南についてもそうなのです。南の国々が生き残れないなら、北の国々も崩れていくことでしょう。発展途上国が債務を返済できないと、みんなが苦しむことになります。貧しい国々をきちんと助けなければ、豊かな国々の健やかさは長続きせず、今まで慣れてきた暮らしぶりも長くは維持できないでしょう。私たちが「無分別智《むふんべつち》」につながることができなければ、生き延びることもかなわないのです。

マッジマニカーヤ（中部経）には、世界がどのようにしてできたかについてのごく短い文章があります。それはとてもシンプルでわかりやすいのですが、ひじょうに深いものでもあります。「これがあるのは、あれがあるからである。これがないのはあれがないからである。これがこのようであるのは、あれがあのようであるからである」。これが仏教の説く創世記です。

私たちの暮らしがこのようであるのは、他の暮らしがあのようであるからです。どの国の市民も人間です。人間を研究して理解するのは、統計だけではできないことです。政府や政治学者だけにまかせてはなりません。それは私たちが自らやらなければならないことです。イランやスーダンやアフガニスタンの市民の怖れと希望を、私たちが理解するに至れば、私たち自身の怖れと希望も理解することができます。現に存在する世界について、このような明確な展望があれば、ずっと遠くのかなたを見なくても、何をすればよいかがわかります。

私たちは個別に独立して存在しているのではありません。相互に密接にかかわり合いながら存在しています。バラはゴミであり、兵士は民間人であり、犯罪者もまた被害者なのです。金持ちの男はごく貧しい女であり、仏教徒は非仏教徒です。「これがこのようであるのは、あれがあのようであるからである」。私たちの中で、手を汚していない者は一人としていません。こんな状況は自分の責任ではない、と言い切れる者はだれもいません。子どもが売春をして働くことを強いられるのは、私たちがこのようであるからです。難民キャンプで暮らすことを強いられている人たちがあのように生きなければならないのは、私たちがこのように生きているからです。武器商人がビジネスをやり続けると、私たちの経済は成長を続け、彼らは利益を得ます。これがあれをつくるように助け、あれがこれをつくるように助けます。富と貧困、豊かな社会と貧しい社会は、お互いにかかわり合って存在しています。私たちの社会の豊かさは、もう一方の貧しさからつくられています。富は、富以外の要素から成り立っていて、貧困は貧困以外の要素から成り立っています。

　私たちは身のまわりで起きるすべてのことに対して責任があります。インタービーイングの眼をもって私たち自身を観るならば、そこには幼い売春婦や、少年兵や、飢えた母親や、移民

---

†――相対的な主観・客観の分別を離れた真実の智慧。識別・弁別する分別智（ふんべつち）に対して、それを超えた絶対的な智慧を指す。

労働者が見えるはずです。そして私たちは、彼らの痛み、世界ぜんたいの痛みを抱《いだ》きます。このようなインタービーイングの洞察から、私たちの心には真の慈悲が生まれ、そのような状況を助けるには何をすべきか、何をしてはいけないかを知ることでしょう。

第九章

月はいつでも月――不《ふ》増《ぞう》不《ふ》減《げん》

聴きなさい、舎利子よ、
すべての現象には、空が記《しる》されている。
その本質は、……
増えるのでもなく減るのでもない。

舎利子　是諸法空相　……　不増不減

私たちの多くは、成長は増えることのひとつだと見なし、老いは減ることのひとつだと思っています。人間は灰からはじまって灰になるとか、ちりからちりに移行すると言うと、あまり楽しい気持ちがしません。だれもちりに戻りたくはないのです。それは私たちの中にある、ものごとを分別する心がそのように考えさせるわけですが、本当はちりが何であるかを知らないからそうなるのです。一つひとつの原子は、広大な神秘です。電子や核とてまだ完全に解明されたわけではなく、科学者にとっては、ひとかけらのちりはとても好奇心をそそるものです。十二世紀のベトナムの李朝時代に禅師であった除道行《トウーダオハン》師は、こんな二行の詩を残しています。

宇宙が存在するならば　一番小さなちりも存在する
一番小さなちりが存在しなければ　宇宙はすべて存在しない

「存在すること」と「存在しないこと」の概念は、私たちの意識がつくりだすものです。同じ時代の慶喜《カンヒー》禅師は、こうも詠んでいます。

一本の毛の先に　宇宙がまるごと乗っている
ひとつぶの芥子《けし》の種に　太陽と月が入っている

ひとつにすべてが含まれ、すべてはひとつなのです。

＊＊＊

私たちはごく微量のちりよりも偉大で、ちりは私たちよりちっぽけだと考えてしまいます。しかし深く観ていくと、そのひとかけらのちりは人間と同じぐらいすばらしい存在であり、ちりの中には人間が入っていて、人間の中にちりが含まれていることがわかります。でもちりに戻るために、何も死ぬことはありません。私たちはこの瞬間にちりでもあるのです。あるがままの現実の姿は、増えることもなく減ることもないとわかれば、怖れも優越感も劣等感もなくなるでしょう。

こんな古いことわざがあります。

謙虚であれ　あなたはちりからできている
高貴であれ　あなたは星からできている

ただし、星はちりからできていて、ちりは太古の星からつくられたのも事実です。ちりと星のあいだには、相互にかかわり合い共存するというインタービーイングの本質があります。謙虚さと高貴さにも、その本質はあるはずです。どちらかを深く見ることで、もうひとつも認識できることでしょう。

私たちはあまりにも傲慢になってしまい、ひとかけらのちりなどわかりきっていると思うだけにとどまらず、やがてそのちりに戻っていく人間さえも理解しているようなふりまでします。そしてだれかと二、三十年ほど一緒に暮らすと、その人のすべてを理解したかのような気持ちになります。その人を車の助手席に乗せて車を運転しながら、何か他のことを考えます。その人にはもう興味はないのです。隣に座っているその人こそ、まぎれもない神秘なのに！　そこに座っている人は、宇宙の不思議であり、遠いかなたの星で生まれた子どもなのです。

観自在菩薩の眼で観るならば、その人の髪の毛の一本は、宇宙すべてです。一本のまつ毛は、究極の真理に至る道を開く扉かもしれません。ひとつのちりはその中に、神の国も浄土も含むことができます。あなたと、ひとつのちりと、すべてのものは、お互いにかかわり合って存在しています。私たちはそれを知ってもっと謙虚になるべきでしょう。中国のことわざには、「知らずを知らずと為す。是《これ》知るなり」とあります。

差別しない

人類の多くの文化で小麦や米を栽培しています。私たちは一日に二度、三度と食べねばなりませんから、穀物や野菜を大量に育てます。穀物や野菜は私たちにとって必要なものなので、それらを得るのは必然であり、収穫するのはいいことだと認識しています。その一方で、他の草木には価値を与えません。稲は育てたいけれど、雑草や漆《うるし》は育てたくない。けれどもそれは、雑草や漆が悪いわけでも、必要ないものだからでもありません。母なる大地から見れば、漆や雑草も、菊やローズマリーと同じぐらいすばらしいのです。私たちの意識が分け隔てをして、「これが欲しい、あれはいらない。幸せが欲しい。ものごとを清潔にしたい。これは好きで、あれは嫌い」と言わせているのです。母なる大地にはそのような考えはありません。母なる大地にとってこの世界の真実の姿は、「汚れたのでもなく清らかなのでもない、増えるのでもなく減るのでもない」のです。

あらゆるものの本性は、善や悪などの概念から自由であり、決めつけることのできないものです。そこに差別はありません。* しかし、私たちには生き物としての必須条件があり、欲求があり、渇望があります。私たち自身が分別をします。ものごとを、善いことと悪いこと、増えることと減ること、汚れていることと清らかであることの視点から見ます。

でも母なる大地は差別しません。大地に香水や花を投げても、有頂天になったりしませ

---

*——サンスクリット語では、この不確定な本性をアヴィアクタ（未顕現〔みけんげん〕）という。

ん。糞尿をまき散らしても、気分を害したりしません。大地にとってはすべてが完璧なのです。「これがなければ、もう片方もそこにない」ことを、大地は知っています。泥がなければ蓮はない。母なる大地からは、じつに多くのことが学べます。

文明の終わり

増減の概念を手放すのは、環境への配慮を考えるときに役立つかもしれません。私たちは、自分たちの水と大地と空気を汚染してしまいました。森林や野生の環境を破壊しました。そして海面は上昇し、何千もの種が絶滅しかけています。そのことによって不安と絶望が生じています。私たちは、有害なものが増え、健全なものが減っていると心配しています。これこそ、私たちの分別意識のあらわれです。

自然と宇宙の観点から見るならば、そこには不安も心配もありません。あらゆるものの本質は、増えることもなく減ることもないのです。地球の歴史を通して見れば、諸々の文明は、人間どうしや自然と調和して生きるすべを知らなかったために崩壊してきたのです。現在の私たちの文明は、自己崩壊の道をたどっています。私たちがこのような生きかたを続け、現在の生産と消費のレベルを継続するなら、この文明の崩壊は疑う余地がありません。何百万年もかかるかもしれませんが、それでも地球は回復し、癒し、バランスを取り戻すことでしょう。また別の文明を生み出すのかもしれません。母なる地球にとっては、何ひとつ増えることも減ることもありません。時間と空間を異なるスケールで見ていて、人間中心の視点で見ているのではないのです。

私たちの大半は、怖れをごまかそうとしています。自らの怖れを直視するのを怖がっています。しかしブッダが提案したのは、怖れの種を手に取って、まっすぐによく見なさい、ということでした。

私たちは変化を怖れ、気候の変動に怯えています。今のような暮らしかたを続ければ崩壊することはわかっているのです。──海岸線の多くの都市は水浸しになり、新たな病気がたくさん出てくるでしょう。肉の生産を増やすために、広大な面積の森林が破壊されました。今や農耕地の八十パーセント近くが、家畜を飼ったり、家畜のえさにする穀物を育てたりするために使われています。これは、地球全土の約三十パーセントに相当します。私たちは森林を破壊し、温室効果ガスの排出量を増やし続け、文明を危機にさらしています。多くの人びとはこうしたことを自覚していても、怖れゆえになすすべがわかりません。自分は無力だと感じたり、感覚が麻痺したり、現実に背を向けて拒絶したりしています。

これに対するブッダのアドバイスは、そのような怖れの本質と、私たちが直面している危機を深く観ていくことです。この文明とていつか終わりが来ることでしょう。文明が消滅することは避けられず、今のように貪《むさぼ》り、怒り、無智とともに生き続ければ、文明の死が早まるだけです。文明の命は人間の命と似たようなものです。現実世界の現象には生と死があります。私たちの文明が滅んだ後に、地球は自ら再生し、そこには新たな文明の種が生まれ、私たちの後を継いでいくのかもしれません。死と生は交互につながっていますから、究極の視点から観れば、生まれることもなく死ぬこともない、増えることもなく減ることもないのです。失われるものは何ひとつありません。

ですから、私たちはこの文明の死を受け容れねばなりません。でもそうする利点はあります。それは安堵感のようなものです。死は防ぎようがないのですから、受け容れるしかないのです。

私はベトナムのハノイに住んでいる尼僧を知っているのですが、彼女は医師からがんの宣告を受け、余命三か月あまりと言い渡されました。当初、彼女はたいへんなショックを受け、宣告を信じませんでした。――抗議し、怒り、怖れと絶望に打ちひしがれました。そしてようやく、自らの死についての現実を受け容れました。フランスの私の元に手紙が届き、死ぬ前に、フランスのプラムヴィレッジに何か月か滞在したい、と書いてありました。そこで私たちは彼女を招待しました。

彼女が到着してから数日経ち、尼僧たちは彼女に対して、医者のところに行って体の状態を診てもらったらどうかと提案しました。しかし彼女は拒みました。「いいえ、医者に行く必要はありません。私は自分の死を受け容れました。ここに来たのは医者に通って病気の治療をするためではなく、残された時間をみなさんと過ごすためです。私が望むのは、このプラムヴィレッジでタイ(先生)やブラザーやシスターと一緒に、一瞬一瞬を深く生きるということだけです」。そうして彼女は医者にかかることなく、一瞬ごとに、一つひとつの行動において、一日中、マインドフルネスの実践を試みました。その結果、彼女はそんなふうに生きて自分の死を受け容れることができたので、心の底から安らいだ状態にありました。三か月近く経ち、彼女の滞在ビザの期限が切れかかったので、シスターたちはもう一度、気分転換のつもりでいいのだからと、彼女に医者に行くようにせかしました。彼女も今度は聞き入れました。医師は彼女を全身くまなく診察すると、こう告げました。「さて、信じられないことですが、がんは消えてなくなりました。今はずいぶん元気になりましたね」。彼女はハノイに戻り、その後十五年も生き続けました。

このような話はたくさんあります。事実を受け容れれば、安らぎが訪れることを示しています。そして安らいだ状態にあれば、癒しが起こります。私たちの文明についても、今のような生きかたを続ければ、文明は崩壊して何億人も死ぬことになるという事実を受け容れられれば——本当にそのことを受け容れるのであれば——、私たちは安らぎを得ることでしょう。そうでなければ、絶望や怒りや恐れのために取り乱し、気候変動による最悪の影響があらわれはじめるよりも前に、この文明の終焉をさらに早めてしまうことになるでしょう。

何がなされるべきか？

現実はありのままに受け容れなければなりません。私たちの文明の崩壊という恐怖と脅威から自由になりさえすれば、何をすべきかがはっきりとわかります。私たちは力を合わせて、地球を救うための解決法を実行に移していくことができるのです。二〇〇六年十一月二十九日に出された国連の報告書によると、肉の消費量を五十パーセント減らせば、文明を救うには十分なのだそうですが、これはだれもが容易にできることではないでしょうか。

怖れには、自らを崩壊させるような潜在的な可能性があります。けれども母なる地球の視点から、「増えることもなく減ることもない――不増不減」の洞察をもって見ることができるなら、自らの怖れを乗り越えて目覚めるチャンスがあります。宇宙の視点、般若心経の観点から見ることによって、私たちの文明が崩壊しかねないことを完全に受け容れれば、文明を救う機会はまだあるかもしれません。

ブッダの教えに従うならば、第一に自分を救い出すことです。そうしてはじめて、地球を救うことが可能になるのです。たとえば飛行機に乗っていて、他の乗客を助けるには、まず自分が酸素マスクを着けなければなりませんね。自分の怖れを克服したのちに、他の人もそうするように助けられるのです。マインドフルネスを実践し、人類全体の目覚めを促すことだけが、この文明を救う唯一の希望です。「彼岸へと渡るための智慧」を本当に理解できれば、人類に集合体としての覚醒をもたらすように働くことができます。私たちがそろって自分自身の怖れから解放されれば、私たちと子どもたちとこの文明の未来のために、どう生きたらよいのかが正確にわかるでしょう。

死んだら人間ではなくなってしまう、ただのちりに戻ってしまうと考えるから、自分の死が怖くなるのです。取るに足りないものになってしまうと考えています。文明の終焉を怖れるのも、崩壊したら灰とちりだけになると考えているからです。それまでの価値が損なわれる、神聖で善なる美しいものは失われると考えるゆえです。

でもそれは真実ではありません。ひとかけらのちりには宇宙ぜんたいが詰まっています。もし私たちが太陽のように大きかったなら、地球を見下ろして、ちっぽけなものだと見下したかもしれません。人間である私たちは、ちりをそのように扱っています。

しかし「大」と「小」は、私たちの意識の中の概念に過ぎません。ひとつものには、それ以外のすべてが含まれています。それがインタービーイングと縁起の法則です。この一枚の紙には、太陽の光、木こり、森などのすべてが含まれているわけですから、一枚の紙は薄っぺらで取るに足りないものだという考えは、単なる概念でしかありません。私たちには一枚の紙さえ破壊することはできません。何ひとつとして破壊する能力を持っていないのです。マハトマ・ガンジー翁やマーチン・ルーサー・キング牧師を暗殺した人びとは、殺してしまえば無にすることができると思いました。けれども二人は、今もずっと私たちとともにあります。姿を変えて生き続けているがゆえに、より確かに共にいると言えるかもしれません。そして他ならぬ私たち自身が、この二人の存在を引き継いでいます。私という個人やこの集合体としての文明が壊されるのを怖れることはやめましょう。減ってしまうことを怖れないでいましょう。それはちょうど月のようなものです。満ちたり欠けたりしても、月はいつでも月なのですから。

第十章

名前の中に何がある?――仮名《けみょう》

ゆえに空において、体、感覚、認知、心の形成、意識は、独立した実体ではない。

是故空中無色　無受想行識

インタービーイング（相互存在）のすばらしき体現としての体（色《しき》）は、私たちが頭の中で考えている、身体についての考えとはかなり異なります。五蘊《ごうん》も同様です。――五つのそれぞれの蘊（かたまり）は、宇宙がまるごとあらわれたものです。

人間である私たちは、人間以外の要素からつくられています。人類だけが独立して存在することはできません。動物や、植物や、鉱物とかかわり合いながら存在するしかないのです。人間から人間以外の要素をすべて取り去ると、そこに人間は残りません。だからこそ、人間を守るためには、動物も植物も鉱物も守らなければならないのです。それがダイヤモンド・スートラ（金剛般若経《こんごうはんにゃきょう》†）の教えであり、世界最古のディープ・エコロジーの文献です。母なる地球はいつでも私たちを世話してくれています。自分の体（色）、感覚（受）、認知（想）、心の形成（行）、意識（識）の世話のしかたを学ぶことが、母なる地球を世話していることになるのです。

伝統的な般若心経の経文には、よく知られているように、仏教の根本となる教えを否定する一連の表現があります。五蘊、十二縁起、十八界、四聖諦などがその対象です。従来、般若心経では五蘊について次のように説いてきました。「ゆえに、空《くう》の中には……形はない、感覚もない、認知もない、心の形成もない、意識もない」。しかしこのような表現のために、幾世代もの修行者たちが空の教えを誤解することになり、五蘊は存在しないと考えてしまったのです。そのように考えた彼らは、虚無主義（ニヒリズム）に陥ってしまいました。

本書の新訳では、できるだけ誤解を引き起こさないようにするため、「五蘊はどれも独立した実体ではない」と明記する表現にさしかえました。体をはじめとする五蘊は存在しないのではなくて、「私」とか「自己」として認識できるような独立した実体として存在しているのではない、ということです。それひとつだけ分離して独立した本体であるかのような実体は存在しないのです。にもかかわらず、私たちはどうしても、それらは存在すると信じてしまいます。でも私たちが、「私が」とか「私のもの」とか「私自身」だと思ってしがみついている独立した実体は、じつは幻想なのです。

仮名

身体を「体（からだ）」と呼ぶとき、私たちは現実に対して名札を貼っています。その言葉は、指定して名づけた名称で、便宜的なものです。そのように呼ぶことで一致してはいますが、実際には、名札自体は体そのものではありません。それはちょうど、地図が本物の領土ではないのと同じことです。

私たちは日常の会話の中で、あなたとか、私とか、富士山とか、ピレネー山脈などについて話します。ブッダ自身も、人やものを名前で呼びました。弟子の一人にむかって、「アーナン

†金剛般若経＝ヴァジュラッチェーディカー・プラジュニャーパーラミター・スートラ。縮めて金剛経と呼ばれる大乗仏教経典のひとつ。ティク・ナット・ハン師はこれを、「硬いダイヤモンドで切るように、苦悩や無智、幻想や妄想を断ち切る教え」として紹介している。

ダよ、私と一緒に霊鷲山《りょうじゅせん》を登らないか？」とか、「シャーリプトラ、僧たちが托鉢に出る用意をしておくれ」と言ったことでしょう。しかしブッダはそのような言葉にとらわれずに、それらの言葉を使ったのです。独立した実体を示す言葉を使っても、その独立した実体が、実体のない（無我）要素の無数の寄せ集めによって成り立っていることをわかっているのです。そしてその名前を手放して、空の真理にとどまることもできます。これが、「仮名《けみょう》」の教えです。

たとえば、「東」や「西」といった仮の名前を使うのは便利ですが、「西」と言う概念が確定するのは、「東」が確立したときだけです。「西」には「東」が含まれており、「東」は「西」を含んでいます。「東」から「西」を取り除くと、「東」はもうそこに存在しません。東と西という二つの独立した実体はじつはないのです。イギリスの小説家のラドヤード・キップリング（一八六五―一九三六）は、「東は東、西は西、両者相会うことなかるべし」と言いましたが、もしあなたがそのように言うのなら、東と西のインタービーイングの性質をまだ理解していないことになります。東と西はすでにお互いの中に含まれているのですから、わざわざ出会う必要はないのです。北と南についても同じです。

無《む》相《そう》

姿や形はない（無相）という教えは、解放に通じる三つの扉（三解脱門†）の二番目の扉です。仮名の教えは、私たちが空の真理を理解するためのものの見かたです。この真理がわかると、他にも数えきれないほどの真理が明らかになってきます。

姿や形（相《そう》）は人を欺きます。人びとが国旗に敬礼するとき、色彩豊かな旗を見ながら、その国と人びとに意識を向けています。国旗は象徴です。人びとは、旗そのものに敬礼しているのではなく、本当は自分の国と民を讃えているのです。国旗自体はただの布きれですが、旗の機能と、旗が何を代表するのかは、人びとのあいだで合意ができています。旗が呼び起こすイメージを使って、別の現実を示そうとしているわけです。

姿や形はない（無相）とは、姿や形（相）がまったく存在しないというのではなく、姿や形などの外見にとらわれないという意味です。私はお茶を入れるときに、湯呑み茶碗にひとひらの雲を注いでいることを見てとります。私が昨日見た雲は死んではいません。今日のお茶になり

†——三解脱門＝空（無我）、無相、無願。

ました。ですから、お茶を見ても、その中に雲を見ることができないと、まだ本当にお茶を見たことにはならないのです。見てくれの形にとらわれています。

見た目の姿形や、仮に名づけた名前を超えて、現実の真の姿がわかるように深く見極めることが必要です。私たちの考える「有《う》」――存在することと、「無《む》」――存在しないことは、大半がとても表面的なことばかりです。一枚の紙を目で見ることができると、私たちは存在していると言います。そして目に見えなくなると、もう存在しないと言うのです。一枚の紙は、ひまわりやあらゆる現象と同じく、生まれることと死ぬこと、有ることと無いこと、来ることと去ること、同じであることと異なることなどの性質があるように見えるでしょう。しかしそれらは、ただの見かけの様相であり、記《しる》しに他なりません。外見には、その一枚の紙の究極の真実は反映されていません。それで金剛経では、「相あるところに虚偽あり」と説いているのです。*

とうもろこしの苗

さて、とうもろこしの種を一握りほど手に取り、炒ってポップコーンにして食べるかわりに、植木鉢に土を入れて植えてみます。すると、いとも簡単にとうもろこしの苗を育てることができます。水をやり、少し日光に当てるやりかたを知っていれば、数週間後には一枚、二枚と葉が付いてくるはずです。

この段階では、とうもろこしの種はそのような姿（相）、つまりとうもろこしの種の外見になっていないことは、だれにもわかります。だからと言って、種はもうなくなったとは言えませんし、「無」という存在しない領域に入ってしまったとは言えません。たしかに種を蒔いて、いまやそれが小さな苗になったのですから、種は消えてなくなったとは言えないのです。知的に考察するなら、とうもろこしの種は苗の中でまだ生きているとすぐに納得できるでしょう。苗の一つひとつの細胞の中に種が入っていることを私たちは知っています。とうもろこしの苗から、種だけを取り除くことはできません。それなのに、多くの人はとうもろこしの苗を見ると、種ではなく苗だけしか見ないのです。苗を見て、種も見るには、少しばかりトレーニングが必要です。それは無相の眼をもって世界を観るという実践です。

みなさんの中には、自分の父親や母親はもう死んでしまったと思っている人もいるかもしれませんが、じつは私たちの中に生きています。体の細胞の一つひとつに入っている両親と交流

＊――ティク・ナット・ハン師は、The Diamond That Cuts Through Illusion（「幻想を切り裂くダイヤモンド」、Berkley, CA: Parallax Press, 1992, 未訳）の中で、金剛般若経の全文（英語）を解説している。

することができます。あなたの中にいる、お父さんとお母さんに話しかけられるのです。あなたにとって見慣れた姿の両親ではなくても、親子で会話することはいつでも可能です。あなたが好きだった人を、あなたの見慣れた姿で見ることはできないからといって、そこに存在していないわけではないのです。

とうもろこしの苗を見て、それは苗だけで種ではないと思うなら、とうもろこしという存在の全体を十分に見たことになりません。ここにいる息子さんは息子さんだけであり、お父さんではないと考えるのも、息子さんを深く見るに至っていません。お父さんがいなければ、息子さんはいないのです。息子さんからお父さんを取り去ると、息子さんはそこにはいません。息子さんがいなければ、お父さんは父親にはなれなかったはずです。このように、原因（因《いん》）と結果（果《が》）は常に一緒にあります。

般若心経では、体（色）は空であることを理解するときに、すべての姿や形（相）を超越できると教えています。姿や形を超越すると、「私」や「私のもの」として認識できるような独立した特質（自性《じしょう》）などないことが、はっきりと見きわめられます。空であるのは、すべての形あるものや現象（色）だけでなく、ものごとに名札を貼って説明するのに使う相もまた空です。「色」も、「相」も、もともと空なのです。この二つについての教えは、「空色《くうしき》」――物質現象の空、「空相《くうそう》」――様相の空、という教えとして呼ばれています。

すべての相、その中でもとりわけ、生まれることと死ぬこと、有ることと無いこと、来ることと去ることなどの相を、私たちは乗り越えられるようにならねばなりません。空の智慧に触れるためには、現実世界の真の姿、つまり「恁麼《いんも》」――〝このようであること〟に触れるためには、空の相や記しさえも捨てなければなりません。

第十一章

星は私たちの意識——十《じゅう》八《はち》界《かい》

現象の十八の領域は、六種の感覚器官と、六種の感覚の対象と、六種の意識からできているが、これも独立した実体ではない。

無眼耳鼻舌身意　無色声香味触法　無眼界乃至無意識界

すべてのものは十八の構成要素からなる領域（十八界）の中に見つけられるということが、諸々の経典を学ぶことによってわかります。十八界とは、六つの感覚器官（六根《ろっこん》）と、六つの感覚器官の対象（六境《ろっきょう》）と、それぞれの感覚器官と対象の接触から生じる六つの意識（六識《ろくしき》）です。人間の経験領域についての完璧な説明であり、ブッダの生きた時代には画期的な偉業でし

十八界《じゅうはちかい》（十八の領域）

六根《ろっこん》	六境《ろっきょう》	六識《ろくしき》
眼《げん》	色《しき》（形）	眼識《げんしき》（視覚）
耳《に》	声《しょう》（音）	耳識《にしき》（聴覚）
鼻《び》	香《こう》（匂い）	鼻識《びしき》（嗅覚）
舌《ぜつ》	味《み》	舌識《ぜつしき》（味覚）
身《しん》（体）	触《そく》（感覚）	身識《しんしき》（体感覚）
意《い》（心）	法《ほう》（心の対象）	意識《いしき》（心）

た。

　現代の科学のおかげで、宇宙は私たちの五感が認知してとらえるだけのものではないことが知られるようになりました。今では私たちの感覚はかなり限られていることがわかっています。犬の耳は、人間には聞こえない音が聞けるようになっています。人間の聴覚で認知されるよりも高い周波数と低い周波数の音は、人間の認知能力の領域内にはないということです。光についても同じです。人間には認識することができない波長の光があります。私たち人間よりもっと繊細な感覚を持つ生きものたちにとっては、宇宙ははるかに壮大な存在であり、おそらく私たちには想像できないほど美しいものなのではないでしょうか。

　動物の中には、私たちよりもはるかに繊細な嗅覚と聴覚を持つ種がいます。人間の眼の受容体では三色しか識別できませんが、エビの仲間であるシャコの眼には、十六色以上もの違った色を識別できる錐体《すいたい》細胞があります。虹を目にするときに見えるあのすばらしい色彩のスペクトルは、私たちの眼にそなわった赤、緑、青の基本三原色だけを認識する受容体で見ているのです。もし人間にシャコのような眼がついていたなら、どんなにすてきな眺めが広がっていることでしょうか。それはだれにもわかりません。

　コウモリたちには、三キロ先の暗闇でも何があるかわかる音波探知器の一種がついているので、真夜中でも物にぶつからないのです。蚊でさえも赤外線の波長をとらえ、暗闇で刺すのに最適な箇所を探り当てることができます。人間は、自分の感覚を過信してはいけません。幸い、自らの感覚の限界をはっきりと自覚する能力はありますから、世界とその生きものたちすべてとのかかわりについて、あまり自信をもちすぎることなく、独善的にならないで済むのです。

最近、人間には五感以上のものがあることが科学で解明されました。私たちの皮膚の受容体細胞にはたくさんの種類があります。接触した感覚や、冷たさ、熱さ、痛みだけを感じ取る受容体などがあります。それぞれの受容体は特定の機能に限定されています。内耳には前庭器官と呼ばれる感覚器官があり、空間における身体の位置と向きを知ることができます。この感覚があるがゆえに、立ったり、歩いたり、寝そべったり、座ったり、走ったり、ジャンプしたりするときに、平衡感覚を保てるのです。

科学者たちの業績のおかげで、私たちは感覚器官の限界を自覚する一方で、見たり聞いたり、場所を移動する能力を押し広げています。私たちは千里眼でも地獄耳でもなく、思った所に自在に移動できる力もありませんが、現代の科学技術によって、数千キロも離れた場所で起きていることを見たり聞いたりできます。音速で移動したり、ロケットに乗って近くの惑星を訪れたりすることもできます。今や私たちの感覚は、電磁スペクトル全体を網羅するまでに拡がり、電波の波長でしか確認できない星雲まで見ることができるのです。

十八界はとてもよくできた表現ですが、本書の般若心経の新訳では、従来のように「領域の要素は、眼界から意識界までない」と済ませてしまわずに、「六種の感覚器官と、六種の感覚の対象と、六種の意識も、独立した実体ではない」と説明しました。私たちはどうしても六つの感覚器官は独立したものと見てしまいがちですが、それは意識が作り出した間違った理解です。両手を合わせてたたけば音になって生じ、眼が形あるものと出会うと視覚となって生じるように、十八界のどの領域もそれだけで存在することはできません。ひとつの領域は、他の領域とかかわり合いながら、相互に存在することしかできません。

この十八界の中には永遠であるものは何ひとつないのです。眼は永遠に不変なのではなく、常に変化する過程にあります。物質もまた永遠に変わらないのではなく、いつでも熱エネルギーによって振動しながら環境とかかわっています。ただ、私たちは直接それを感じられないだけなのです。見ることや感じることにおける過程でも、脳は常に自らの配線を変更し続けています。——新たな神経ニューロンの連結を確立し、古くなったものは補強したり、弱体化させたりしています。固定された静的なものはひとつもありません。すべては本来の自然のままです。

眼が見るのではない

ふつう私たちは、「眼で見る、鼻で嗅ぐ、耳で聞く」と言います。通常はそのように考えますから、当然のことでしょう。行為が可能になるのは、そこに「行為者」つまり「する人」がいるからに違いないと考えて、「眼が見ている」と言うのです。見るというのは行為で、それを行うのが眼であり、見ることの主体が眼であると考えます。ここには主語と述語の関係がありますㄧ。私たちはそんなふうに考えるように慣らされているわけです。しかし、「見る」のが「眼」ではないことは、簡単にわかります。眼と形あるものが出会うところに、視覚が生じます。眼は、視覚を可能にしている条件のひとつでしかありません。他にも、光、形、時間、空間、視神経、脳など、たくさんの条件が必要です。ですから「見る」という動詞の主語を「眼」にするのは正しくありません。視覚とは、眼と対象によって、いっぺんに引き起こされるものなのです。

眼と同じように、他の感覚器官についても、その感覚器官の対象と適切な条件がそろうと、聞くことや考えることなどが起きてきます。考えることは、意識と、意識の対象が出会った結果であり、そこに「考える主体」はありません。感じることは存在しますが、感覚とそれを感じている人は分離できません。実体はない（無我）とは、行為の外にあって、変わることがなく、朽ちることもないような実体はないということです。見ること、聞くこと、知ること、触れることなどを可能にしているものは、おびただしい数の現象の寄り集まりなのです。

生物学と物理学は、意識と物質、精神と肉体という二元的なものの見かたを取り去るのに役立ちます。それによって身体と意識のあいだにある、反復的で、相互に関係し合うつながりを見抜けるのです。心の働きが作り出すものには、不安、怒り、怖れ、悲しみ、絶望などが含まれますが、これらは神経衝撃や神経伝達物質と密接に関係しています。体がいかに意識と続いているか、意識がいかに体とつながっているかがわかるでしょう。もっと言うと、今や脳神経科学者たちは、私たちの脳は「社会的な脳」であるとの見解をもっています。環境や、母親と赤ちゃんのあいだのやりとりや、他者の存在なしには、私たちの脳は人間の脳にならないのです。遊びや社会的な交流がないと、脳も、感覚器官による意識もきちんと育ちません。私たちがものを見る能力、つまり眼という感覚器官による意識（眼識界《げんしきかい》）は、環境とのやりとりや、探し求めていく過程によってしか発達しないのです。

それでも多くの科学者は依然として、意識はごく主観的なもので、意識は私たちの中から湧き起こって外に向かい、客観的な外界と接触すると考えているようです。しかしこれは二元的な見かたです。ですから私たちが空を見上げて、月や星や銀河を眺めるときは、それらは意識から独立しているのではないことを観ていくという実践を行います。宇宙の中のすべてに意識が入っています。意識がなければ、太陽や月や星が存在することを、どうやって見たり知ったりできるのですか？　星も月も、意識に他なりません。意識こそが、月や星なのです。月や星を見るのは、私たち自身の心の意識《マインド》を見ていることなのです。認識する対象を見ることは、認識する者を見ることです。私たちの六つの意識と、六つの感覚器官の対象は、どれも独立した実体ではなく、それだけ単体では存在し得ないものです。意識と、感覚器官の対象は、常に同時に生じてきます。哲学の現象学という学派では、「意識は常にあるものの意識である」と言います。[*] このことがわかると、すべての現象、十八界、主体と客体、眼と形あるもの、考える人と思考、星と私たちの意識のあいだに和合《ユニティ》が見えはじめてきます。

＊――エドムント・フッサール（一八五九―一九三八）の研究全体に見られる言葉で、後にジャン＝ポール・サルトルが引用した。

第十二章

すべては心がつくりだすもの——十《じゅう》二《に》縁《えん》起《ぎ》

相互に依存して生起し消滅する十二のつながりもまた、独立した実体ではない。

無無明　亦無無明尽　乃至無老死　亦無老死尽

十二のつながり（十二縁起）としてのニダーナ（因縁《いんねん》）の教えは多くの論書（経典の解説）に登場しますが、その目的はサンサーラ（輪廻《りんね》）と、カルマ（業《ごう》）の報《むく》いと、生まれ変わりのサイクルの説明です。しかしそこに書かれているのは、真理に対する便宜的な解釈（俗諦《ぞくたい》）のひとつであり、深遠な仏教の教えにはなじみません。だからこそ私たちは、因縁についての教えが究極の真理（真諦《しんたい》）へと導いてくれるように再解釈しなければならないのです。

輪廻転生《りんねてんしょう》と因果応報《いんがおうほう》の概念は、もともとブッダに由来するものではありませんでした。釈迦《しゃか》族の聖者となったブッダが生まれる前に、紀元前七、八世紀のインドですでに存在していた概念です。バラモン教の聖典であるウパニシャッドの文献のいくつかに見られ、ブッダが生きていた時期より前のものもあれば、その後の時期のものもあります。

カルマ信仰は、自分のすることが何であれ、その結果に苦しまねばならないとするものです。自分でまいた種は自分で刈り取る、自業自得ということです。人は生まれ変わりのサイクルの中にあり、今世の行いによって来世は決まると信じられていました。人の体の中には不死の魂が存在していて、その肉体が朽ち果てると、魂はそこから離れ、新しい肉体を探すというのでした。輪廻のサイクルの教えは、魂の概念と相性がいいのです。これに対して、仏教では、不死の魂という概念を引き継ぎませんでした。仏教は、業《ごう》と輪廻《りんね》の教えを取り入れつつも、そこに重要な修正を行ったのです。

縁起

因縁の生起《しょうき》（縁起《えんぎ》）は、現象があらわれることについて説明した、仏教の根本的な教えです。

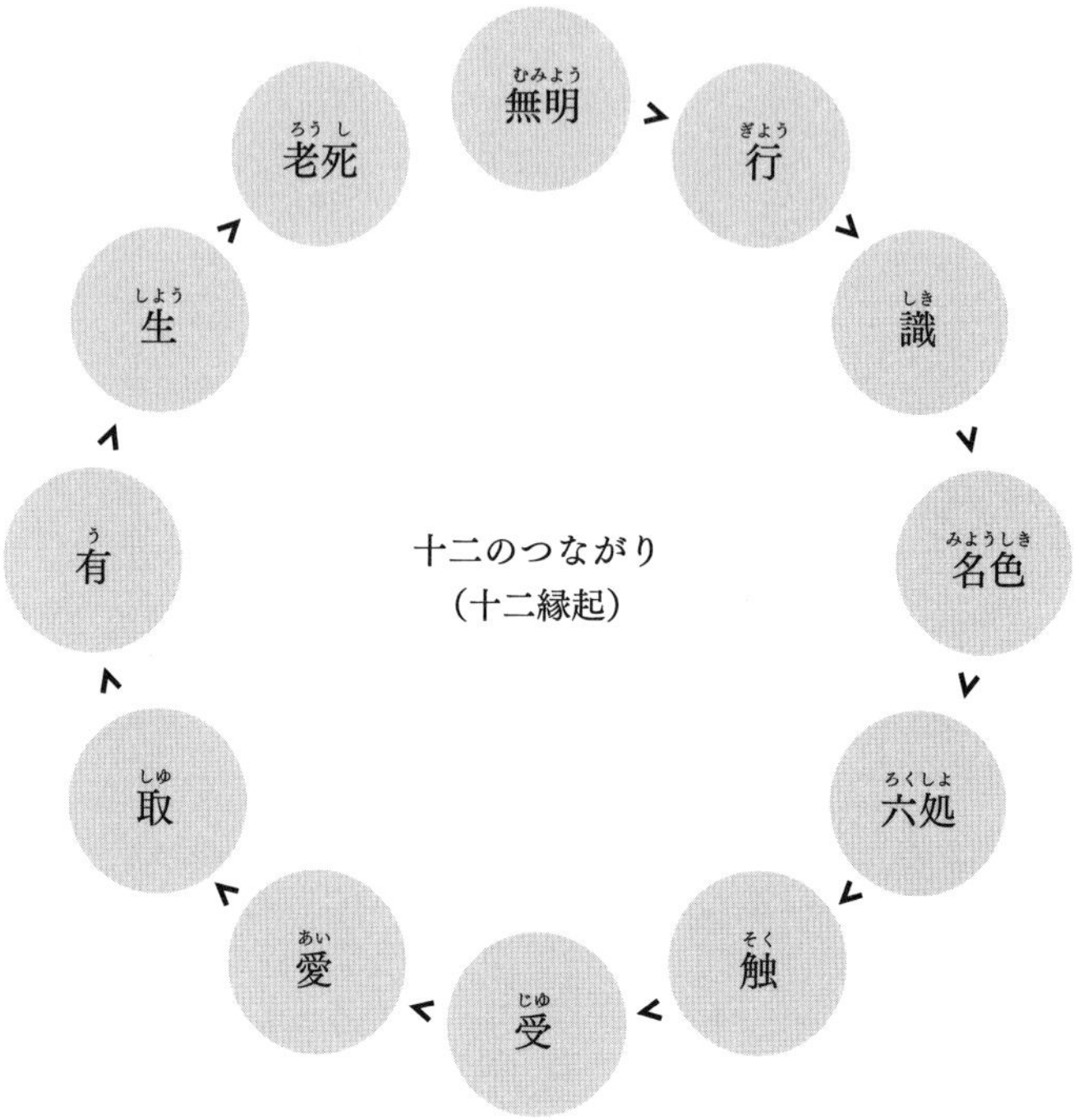
無明《むみよう》
行《ぎよう》
識《しき》
名色《みようしき》
六処《ろくしよ》
触《そく》
受《じゆ》
愛《あい》
取《しゆ》
有《う》
生《しよう》
老死《ろうし》
十二のつながり
（十二縁起）

すべてのものは、たくさんの条件と原因が寄り集まった結果として、お互いに依存し合いながら生じてきます。縁起の生起はサンスクリット語で、プラティートゥヤ・サムウトパーダと言い、「依存しながら、ものごとは生じてくる」という意味です。時が経つにつれ、因縁の数は十二に定まり、縁起の説明に使われることがほとんどになりました。しかし、ブッダはいつも十二縁起を説いていたわけではなかったのです。――その時どきで、異なる数のつながりを使って縁起を説明していました。*

伝統的には、最初の因縁は「無明《むみょう》」であるとされています。その教えによると、「無明」――アヴィディヤ（無智、妄想）があるために、「行《ぎょう》」――サンスカーラ（衝動、業《ごう》、傾向性）が生じます。つまり、無智による誤った固定観念によって（身口意による）間違った行動や衝動が生じるのです。それは、盲目的に苦しみを引き起こすようなエネルギーです。そして行為があるところに「識《しき》」――識別が生じます。その認識にもとづいて、「色《しき》」――形のある物質と、「名《みょう》」――精神作用があらわれてきます。そのように形のある物質と心の意識があるので、「六処《ろくしょ》」――六つの感覚器官とそれぞれの感覚器官の対象があります。感覚器官とその対象があると、

*――例として、ブッダが最初に因縁の生起を説明した経典は、マハニダーナ・スッタ（ディーガ・ニカーヤ、長部一五）で、九つの因縁だけが説かれている。

そこに「触《そく》」――接触が起こります。そうして触れたなら、「受《じゅ》」――感覚が生じます。その感覚があるから、「愛」――渇愛《かつあい》があります。渇愛があると、「取《しゅ》」――それに執着します。執着すると、そこに「有《う》」――存在があります。そこに存在するから、「生《しょう》」――生まれることになり、サンサーラという輪廻転生のサイクルに苦しむのです。そして生まれたら、「老死《ろうし》」――やがて老いて死ぬことになります。

以上が伝統的な因縁の説明です。このような説明では、十二縁起は転生と生まれ変わりを説明することが目的になり、なかなか究極の真理に触れるための助けにはなりません。

砂糖は甘いのか?

従来の十二縁起の説明の難点は、まず第一に、二つ目の因縁である「行《ぎょう》」――サンスカーラの説明にあります《す》。サンスカーラは「心の形成(物)・形成作用」で、複合要素または複合体を意味します。けれども、人びとが十二縁起を輪廻転生の説明として使おうとすると、「行」は「業《ごう》」――カルマであるというふうに解釈してしまうのです。つまり、身体(身《しん》)と言葉(口《く》)と心の意識(意《い》)の三つの業によって、またもう一度生まれ変わるようにかり立てられるというのです。しかし実際には、ブッダはそのような意味でサンスカーラという言葉を使ったのではありません。私たちが認知する現象の世界を説き明かすために使ったのです。

あなたはコーヒーを飲むときに、砂糖を入れるかもしれませんね。その砂糖を構成する分子レベルにまで手っ取り早く分解するには、あなたの手元の熱いコーヒーの中に入れて、スプーンでかきまぜます。砂糖の結晶は崩れて、分子になり、フィルターを通しても濾《こ》しとれないぐらいに小さくなります。でも、まだ甘さは残っています。あなたはこの件についてさらに調べようと、化学を研究している友だちを探し、砂糖の分子を原子レベルまで分解してくれるように頼むとします。質量分析計を使えば、数兆個の炭素の原子、数兆個の酸素の原子と、やはり数兆個の水素の原子を作り出すことができます。* この各要素はどれも甘くありません。甘さは、甘さ以外の要素から成り立っています。炭素と酸素と水素の原子が正しく結合すると、甘くなるのです。そのうちどれかひとつでも取り去れば、甘くなりません。取り去った原子を戻してやると、また甘くなります。

苦しみもこれと似たようなものです。幸せも似たようなものです。ブッダも、雲もそうです。

†——著者は、サンスカーラに、「心行」という漢字をあてて使用しているが、日本ではまだなじみがないので、本書では「心の形成（物）」とした。
*——実際にはこれよりも多く、十の二二乗ほどの原子になる。

すべてのものがそうなのです。あらゆるものは「行《ぎょう》」――形成物です。花も、木も、体も、怒りも形成物です。そのもの以外のすべてのものが寄り集まって形成されたものは、どれもみな形成物なのです。だから、サンスカーラの英訳としてformationはとても適切な訳語でしょう。

従来の十二縁起の説明の第二の難点は、私たちの五蘊こそが、存在することを渇望したり、摑んだり、執着したりする原因だと思わせていることです。それが言わんとするところは、識別（作用）、体と精神（作用）、六つの感覚器官、接触、感覚があるから、渇望があるのだという理屈です。でも悟った仏《ほとけ》を見てごらんなさい。悟りを開いた仏には、認識も、体も、意識もあります。六つの感覚器官も、接触も、感覚もあります。それらがあってもなお、渇望なしに存在することができています。悟った仏は、自由と、執着しないことと、哀れみと、慈しみを生み出すことができています。仏が苦しみを観るときは、マインドフルネスと集中のエネルギーを生じさせ、周囲の環境に触れるときに、慈しみと哀れみが起こるように自らを促すのです。これらは育てがいのある、とてもよいものですよ。ですから、対象に触れて感覚が生じたら必ず渇望と執着をもたらす結果になるとは言えないのです。煩悩のあることをあなたの心と体のせいにしてはいけません。あなたの五蘊は、悟りを開くこともできます。理解と愛をもたらせるのです。

心の形成物をありのままに観る

あなたに固定観念があると、心の形成（物）は、それぞれ別々に存在していると考えてしまいます。すると、それには始まりと終わりがあると考えて、生まれることと死ぬことの概念が生じてきます。しかし智慧の眼をもって観れば、そこにあるのは、生まれることもなく死ぬこともないという性質だとわかるのです。心の形成（物）の中にある、このような不生不滅の性質に触れるならば、その形成（物）を本当にありのままに観ていることになります。

生死の概念は、有無の概念とは分けられないのですから、旧来の十二縁起の主張が、苦の責任を「有」だけに帰するのは正しいとは言えません。「無」なくして、どうして「有」だけが成り立つのでしょうか？　因縁のひとつとしての「有」は、〈存在することと存在しないことを合わせたもの〉として理解されるべきなのです。実際、私たちが苦しむのは、そこに存在しているからではなくて、存在しているとか、存在していないという考えによって苦しむのです。接触によって生じる感覚から、渇望や嫌悪が生まれることもあれば、慈悲や心の解放が生まれることもあるのです。それを決めるのは、私たちの感覚器官と接触への対処のしかたにかかっています。接触して感じ取ることは、執着を生むかもしれませんが、それを手放して自由になることもできます。存在することと存在しないことの概念にこだわるから苦しむのです。存在しても、存在しなくても、どちらにしろ怖れています。けれども智慧があれば、生と死の概念だけでなく、「有」――存在することと「無」――存在しないことの概念からも自由であるのです。これはすでに学んだとおりです。

五つのつながり

さて、これで私たちの苦しみがどのように生じてくるのかを理解できたと思います。私たちは誤った固定観念（無明）があるがゆえに、心の形成（物）は、独立した実体であり、永遠に不変であるとみなします。生か死かという観点で見るから、すべてを存在するか存在しないかで判断することになります。それで私たちは輪廻の世界の中を渡りながら、堂々めぐりをしているのです。このことを、五つのつながり（五縁起）に簡略化してみましょう

無明 ＞ （我がある）行 ＞ 生―死 ＞ 有―無 ＞ 輪廻

般若心経は、それぞれのつながりもまた独立した実体ではないことを気づかせてくれます。

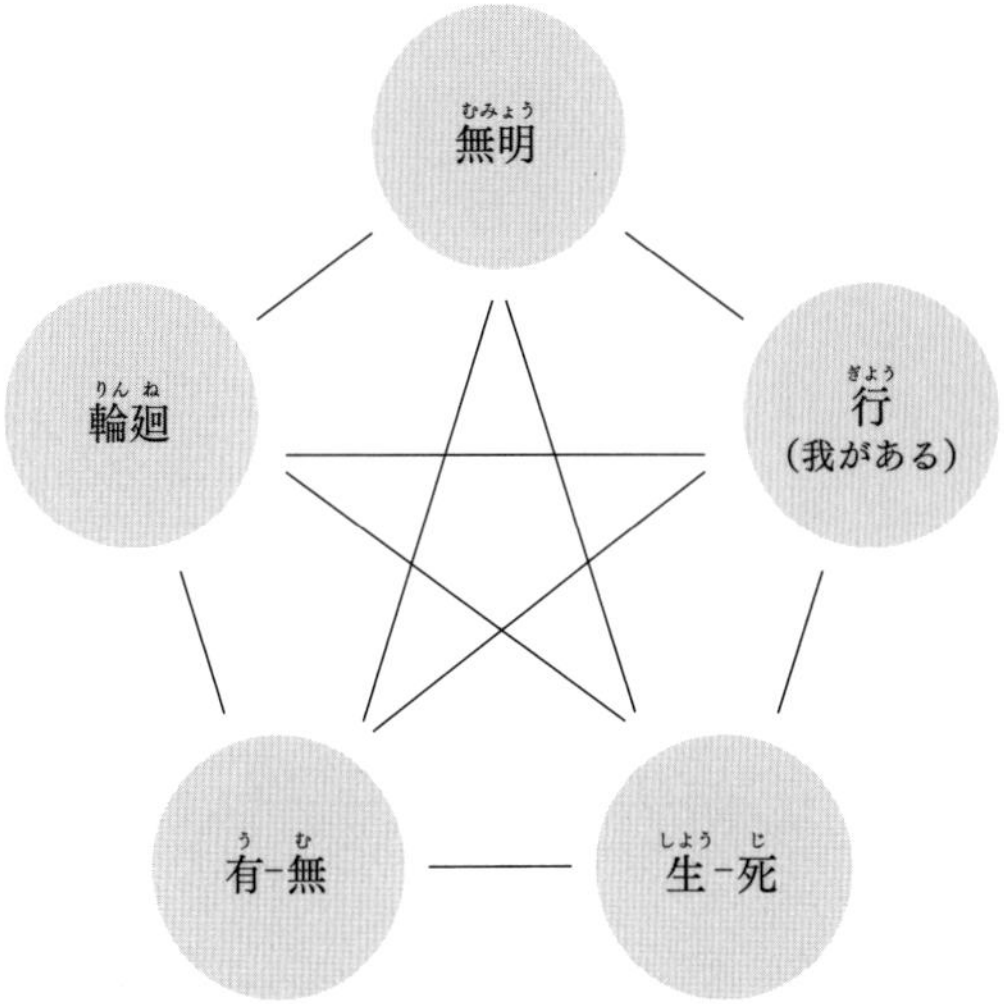
無明《むみょう》
行《ぎょう》
（我がある）
生《しょう》-死《じ》
有《う》-無《む》
輪廻《りんね》

五つのつながり（五縁起）

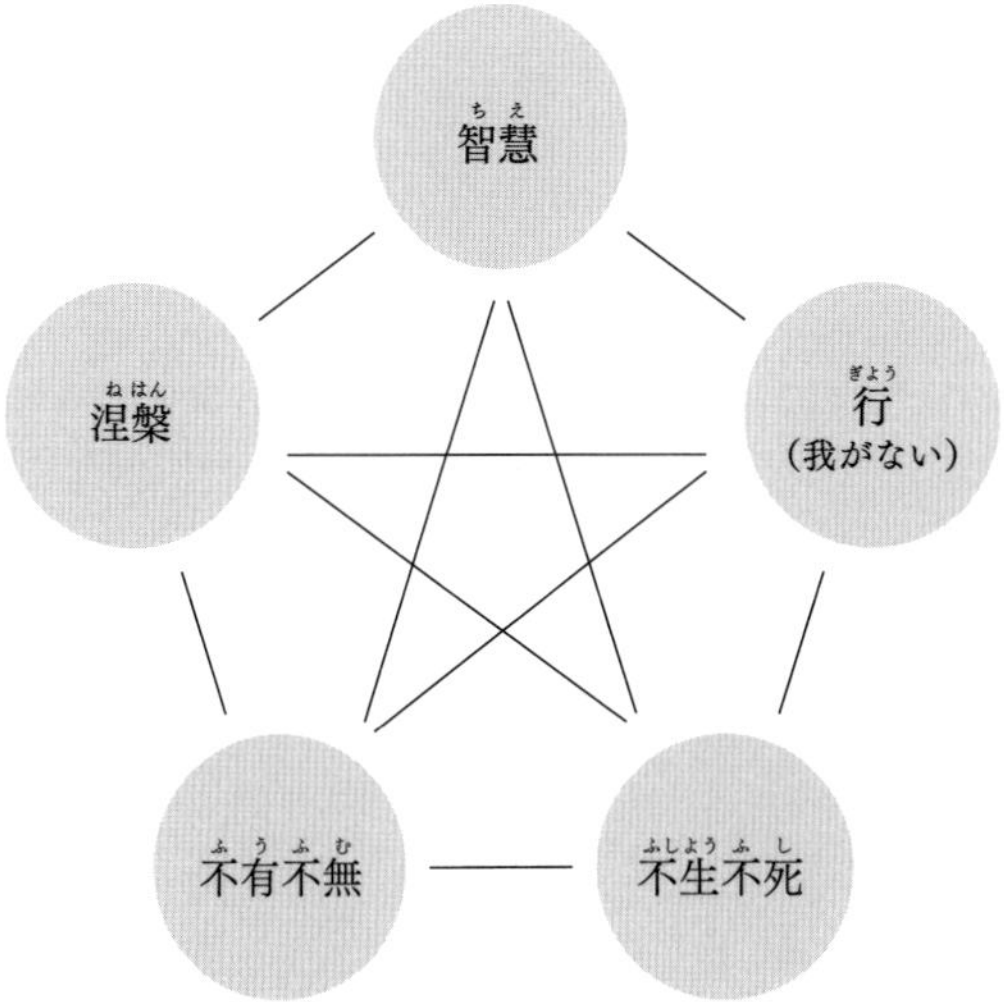
智慧《ちえ》
行《ぎょう》
（我がない）
不《ふ》生《しょう》不《ふ》死《し》
不《ふ》有《う》不《ふ》無《む》
涅槃《ねはん》

お互いのつながりのあいだには、直線的に進んでいく関係はなく、どれもがお互いに起因し合っています。一つ目のつながりが生じて、その次に二つ目のつながりが生じて、その後に三つ目のつながりが生じるというのではありません。お互いに依存し合いながら、一緒に生じてくるのです。ひとつのものがそこにあるときには、他のものもそこにあるのです。「十二種のつながりもまた、独立した実体ではない」とは、このことを言っています。また、独立した個人の自我や魂があるとする考えは、生死や有無の概念と、人間以外の形成（物）にも自我があるとする概念と、密接にからみ合っています。「私の父は、私とは別の存在だ」と見るように、左右についても、「左は、右とは別の分離した存在だ」とみなします。

般若心経の教えに照らしてつながりの消滅を観れば、諸々のつながりのうちのひとつが消滅すると、他のすべてのつながりもまたなくなることがわかります。無明にしても、それだけが単体で独立して生じて、他とは無関係にそれ自体で死んでいくのではありません。無明があらわれてこないのは、他のさまざまなつながりがあらわれないことに依拠しています。どんな形成物も独立して存在することはないとわかったときに、無明は消滅するのです。このつながりがあらわれなくなるときに、智慧に根ざした究極の真理に導くような、もうひとつのつながりがあらわれてきます。

智慧 ＞ （我がない）行 ＞ 不生不死 ＞ 不有不無 ＞ 涅槃

誤った固定観念がなければ、心の働きとそこから作り出されるものをありのままに見ることができ、その中に生も死も見なくなります。生死の概念にもとづいて見なくなると、存在することと存在しないことの概念にからめとられなくなります。そうして輪廻を脱したとき、あなたはあらゆる概念が消滅した境地である涅槃にいるのです。

第十三章

幸福の道——四《し》聖《しょう》諦《たい》

苦しみと、苦しみの原因も、苦しみの消滅も、解放に至る道も、智慧と悟りも、独立した実体ではない。

無苦集滅道　無智亦無得

四つの聖なる真理（四聖諦）の一番目は「苦諦《くたい》」です。苦しみはドゥッカと呼ばれ、「苦厄《くやく》」などと訳されます。仏教の修行は、苦しみや厄いがあると認識することから始まります。苦厄はここにあります。私の中に苦しみがあります。あなたの中にも苦しみがあります。世界にも苦しみがあります。苦しみには果たすべき役割があり、私たちはその苦しみの扱いかたを学ぶことができます。ただ、苦しみをやわらげる前に、まずはその存在を認めなくてはなりません。私たちの苦しみを深く見つめていくと、それを存在させることになった原因と条件が見えてきます。苦しみの根っこをたどるように観ていくと理解が生まれて、たちまち苦しみは少なくなります。苦しみの中に母親や父親や先祖が見え、それがどのようにして私たちのところにやって来たのか、その道すじが見えてきます。それが二番目の聖なる真理、「集諦《じゅうたい》」——苦厄の原因です。苦厄を深く観て、その根元を見つけ、どうやってそれが養われているのかを見抜くのです。深く観ていけば、苦しみに栄養を与えている食べものが見えてきます。苦しみは存在しますが、それが続くのは、栄養を与えているからです。

現代の苦しみ

仏教では従来、苦厄というものは一般人、とくに若者にはさほどかかわりのないこととして語られてきました。苦厄とは、生老病死《しょうろうびょうし》や、愛別離苦《あいべつりく》（愛する人と別れること）、求不得苦《ぐふとくく》（欲しいものが得られないこと）などとして語られてきました。でも、これらは必ずしも苦しみだとは言えません。それもまた人生の一部であり、人生を受け容れるなら、生まれることと死ぬこと、病気、老い、別れ、フラストレーションもまた受け容れなければならないものですね。でもそこに正しいものの見かたがあれば、すばらしい経験になるのです。たとえば赤ちゃんの誕生は、祝福をする原因になります。雲の死は、雨の誕生を意味します。老いることは、落ち着きと経験をもたらします。病気をすることで、体は強健さを身につけることができます。離別を経て、相手への感謝と理解が深まることもあります。欲しいものが手に入らないことについてですか？ そうですね、欲しいものが手に入ると、もっと苦しむこともありますよ。いずれにせよ、苦しみについてのこれまでの説明のしかたは改める必要があります。

私たちは現代の真の苦しみは何なのかをつき止め、どのようにして現在の状況に至ったのかを理解しなければなりません。現代の生きかたは、私たちの体に緊張とストレスと痛みをもたらしています。私たちは怒りや暴力や怖れにさらされています。テロリズムの脅威、生態系の破壊、戦争と飢饉、気候の変動、経済の危機、不況、貧困、社会的な不正義、家庭の崩壊や離婚、まだまだたくさんあります。いったい私たちはどのように暮らし、どのように消費しているのでしょうか？ まわりをとりまくメディアから、日々、どんな暴力や恐怖や怒りを取り込んで消化しているでしょうか？ 私たちの生活スタイルはどのような経過で環境を汚染し、私たちの心と体、私たちの家族、そして未来の世代に対して、有害な大気を作り出しているのでしょう？ 現代の真の苦しみを本当の名前で呼ぶことができるなら、そしてそれがどのような形になって存在しているかを見きわめられれば、それに対する処方として、必要な薬や癒しがはっきりとわかることでしょう。苦厄の真の姿が明らかになれば、苦厄の終わりが明らかになります。

それが三番目の聖なる真理、「滅諦《めったい》」――苦しみの消滅です。苦しみがなくなることは、幸せがそこにあることです。つまり第三の真理は、幸福は可能である、ということでもあります。ブッダも、幸せは今この瞬間にあり得ると確約しています。

幸福があるのなら、そこにたどり着くための道もあるはずです。四番目の聖なる真理は「道諦《どうたい》」――幸福につながる道で、八つの正しい道（八正道《はっしょうどう》）がこれに当たります。四聖諦は苦しみだけではなく、幸福についての真理でもあるのです。

般若心経の伝統的な訳では、「無苦集滅道」というくだりがあります。多くの人はこの部分について、苦しみがまったくなく、邪魔されることのない幸福のある完璧な場所があるのだと理解してきました。本書の新訳は、まさにこのような誤解を防ごうとするものです。「苦しみと、苦しみの原因も、苦しみの消滅も、解放に至る道も、智慧と悟りも、独立した実体ではない」とすることで、苦しみは存在しないのではなく、それだけが他から独立して存在しているのではないという点を明確にしています。苦しみは他の三つの聖なる真理と相互に存在し合っていています。私たちの意識の中には幸せや苦しみを越えた領域があり、そこに触れることはできますが、それは幸せと苦しみが「非存在」であることではないのです。人間がいて、人間の意識があるかぎり、幸せと苦しみはあらわれ続けるでしょう。

一緒にいるだけでいい

私たちは四つの聖なる真理にしがみつき、それぞれ別のものとして認識する傾向があります。たとえば、ゴールと、ゴールに向かう道という概念があり、その二つは異なるものだと考えます。しかし、インタービーイングに照らして見るならば、苦しみに至る道とか、幸せへの道と言うよりも、むしろ、苦しみの道、幸せの道があると言うほうがいいでしょう。「幸せに至る道」という考えかたをすると、二元的な思考があらわになります。その道は長く険しいいばらの道で、苦しみと困難があり、最終的にようやく幸せと安らぎにたどり着くのだ、と想像してしまいます。この考えかたでは、道は道として存在し、幸せも幸せとしてまた別に存在します。その道の上にどれだけ長くいても、そこでは幸せにはなれません。道の終わりまで待ってから幸せになるわけです。このような意識では、道は手段、幸せは終着点ということになります。ここに紹介するのは、そんな二元的な思考に気づかせてくれるベトナム民謡です。

一緒に　外に出て　土を耕し　種をまく

表土をはがし　深く掘る
夫が種をまき　妻と水牛が耕す
今日も一日　苦労する
けれど明日は　豊作だろう

この歌では、土を耕して種まきをしているあいだは幸せを感じることはなく、今の苦しみが将来の幸せをもたらすだろうと考えています。これが二元的な思考なのです。夫と妻が水牛と一緒に働くだけで、もうすでに十分幸せではありませんか。耕して種をまきながら、幸福を得られるのです。今では多くの人びとは、自分の夫や妻と過ごすことはもうなくなり、お米の田んぼもなく、耕す鋤《すき》を引かせる水牛もいなくなりました。自分がいかに幸運であるかに気がつけば、そこですぐに幸せが得られます。「今日は苦労するが、明日は栄える」というのは真実ではありません。

道こそが幸せである

道そのものが幸福である、というのが真理です。八正道は、苦労や困難や自己修正の道ではありません。その道を歩む一歩一歩がすべて幸せに満たされているような道です。

　みなさんは、こんな言いまわしを耳にしたことがあるでしょうか。「平和への道はない、だって平和が道だから」。平和を築くプロセスそのものが平和であらねばなりません。平和の名目で銃を使うのは正しいことではないのです。なぜならば、平和を導く方法が平和的でなければ、平和はそこにないからです。平和を得るために爆弾を落とさねばならない、人びとを撃たねばならない、というのは間違っています。やりかたが暴力的ならば、結果も暴力的になってしまいます。平和に向かう道の上の一歩一歩に、平和そのものが存在していなければなりません。平和の道の途上にいると言うのなら、一つひとつの言葉、それぞれの思考、おのおのの行動の中に、平和が含まれていなければなりません。

　同様に、幸福を得るために苦しんでもがくのも、的を得ていません。幸福への道は、一歩一歩がすでに幸せであらねばなりません。目的と手段はひとつです。「幸せへの道はない　だって幸せが道だから」と表現しているのです。もっとも崇高な幸福はニルヴァーナ（涅槃）、つまりニローダ（滅）です。このような見かたをすれば、道こそが苦しみの消滅で、幸せの道そのものが幸せになります。ですから、四つの聖なる真理の三番目（滅諦）と四番目（道諦）を隔てて理解することはできません。それはひとつです。同様に、苦しみの道は苦しみそのものであり、一番目の真理（苦諦）と二番目の真理（集諦）もまた独立した個別の実体ではないのです。

さらに言うなら、苦しみと幸せはお互いに依存しながらあらわれます。幸せは、苦しみがなければ可能になりません。苦しみという背景があってこそ、幸せを認識できるのです。一度も飢えたことがない人は、食べものを口にする喜びを知らないでしょう。戦争を経験していなければ、平和の大切さはわからないでしょう。善と悪、苦しみと幸せ、苦厄と安楽《あんらく》は、どれも独立した実体ではありません。それぞれが他を土台としなければ、あらわれることはできないのです。四つの聖なる真理は、お互いにかかわり合って存在しています。

第十四章

蝶を追う——無《む》願《がん》

智慧と悟りも、独立した実体ではない。
これがわかった者は、何も得る必要がなくなる。*

無智亦無得　以無所得故

洞察は突然にやって来ます。座布《ざふ》（瞑想用のクッション）の上に坐っているときだけとはかぎりません。日々の生活の中でマインドフルネスと集中を実践し、そのための基盤を準備しておきましょう。いつでも自分の体、感覚、認知に深く触れられるように、自分を整えておきます。その実践の過程で、マインドフルネスと集中の力はますます強まります。洞察がやって来たとき、あなたは思わず笑い出してしまうかもしれませんよ。ずっとポケットに入っていたのに、どういうわけか、そのことに気づかないでいたような感覚になるかもしれません。洞察が訪れるときは、喜びがあって満ち足りた瞬間になります。

洞察はたくさんの原因と条件（因縁）が集まって生じます。その条件のひとつは「無明《むみょう》」――智慧の光を知らず無智で暗いところをさ迷っていること（アヴィドヤ）です。でも無智がなければ、洞察はなく、悟りもありません。誤解や間違ったものの見かたがないならば、悟るために何から目覚めればいいというのでしょうか？　洞察とは、日常生活におけるマインドフルネスと、集中と、深く観ることから生じてくるものです。洞察は、洞察以外の要素からできています。泥がなければ蓮もない。無明と苦しみがなければ、智慧と理解もありません。私たちはあらゆるものを相互存在の本質において観ていかねばなりません。そうしなければ真の智慧は生まれないでしょう。

＊――新訳のこの行では、菩薩だけではなく、すべての現象には独立した実体はないとわかった「だれもが」もはや何も得る必要がなくなると強調している。ティク・ナット・ハン師によるベトナム語版訳は英訳と同時進行で作成されたが、「無得」と「心無罣礙」のつながりを残し、「もやは得るべきものは何もないと見たので、般若波羅蜜を行じる菩薩はその心にもう妨げがないことを見てとった……」と訳している（――原書編者）。

得ようとしないこと

私たちには、涅槃や悟りは得るものだと考える傾向があります。般若心経の中の「得る」とは、涅槃や悟りは得られるとする考えかたのことです。しかし意図的に、思考によって涅槃や悟りを手に入れることはできません。摑むことを手放すことによってだけ、体験できるのです。対象にこだわったり追いかけたりしているあいだは、決してそれらを経験することはできないでしょう。「無願《むがん》」——何かを得ようとしないこと（アプラニヒタ）が、解放に通じる三つの扉（三解脱門《さんげだつもん》）の最後の三番目の扉です。無願を修練すれば、執着しないで済むようになります。無願とは、ものごとの後を追いかけないことです。目の前に対象となるものを設定して、絶えず自分のものにしようと執着しないことです。その対象が名誉であれ、利益であれ、富や、官能的な歓びや、悟りであっても、探すことに執着しているかぎり、苦しみや厄《わざわ》いから自由にはなれません。

無願の教えは、深遠なるすばらしい教えです。悟りを得ようと追いかけている人たちもいますが、じつはもうあなたの中にあるのですから、追いかける必要はないのです。あなたが一心に追う先にあるのは、悟りという概念に過ぎません。走ることを止められないと、私たちの中とまわりに常に存在する、命の奇跡を逃してしまいます。

私たちはいつも何かをしようとしたり、だれかになろうとしたりしています。それは、自分自身にも、自分のまわりにあるものにも、満足していないからです。無願を実践していくと、これ以上何も追いかけなくてもよくなります。それでもあなたは、手に入れようとして追いかけているのはいいものだから追いかける必要があるんです、と言うかもしれません。しかし、いいものだと思って追いかけていても、それは依然として追いかけて走っていることであり、そのためにまだ苦しむことになるのです。今という瞬間にある命は、それでもう十分にすばらしいのです。命の奇跡のすべては、今という瞬間にあります。その奇跡に目覚めるだけで、自由と安らぎと喜びがもたらされるでしょう。

たとえばあなたが、刑務所で三十年間服役することを言いわたされたとしましょう。あなたは国王か大統領が恩赦を与えてくれることを望んで、その日が来るのを待っているとします。ある日、瞑想の指導者が刑務所にやって来て、他ならぬ今この瞬間に自由の権利があると、あなたに教えます。そこに座って恩赦を待ちわびることはない、と言うのです。つまり、マインドフルに呼吸し、微笑み、刑務所内のバラの花を眺めて、それが刑務所の外のバラとおなじように美しいことがわかればいいのです。刑務所の中では、花を深く見つめて、その新鮮な香りを嗅ぐための時間は、十分過ぎるほどあることでしょう。あなたは今というときに、自由であることができます。自由になろうとして十年も待つことは必要ありません。それはだれにとっても同じことです。幸せになり、自由になり、涅槃を経験するために、多くの年月を費やして、死にものぐるいで奮闘しなくてもいいのです。

ただの人間であること

一九六三年に私が書いた詩には、こんな一節があります。「その仕事をやり遂げるには千年かかるだろう。だが見るがいい、それは千年前にすでに完成されている*」

花にとって一番大事なことは、花であることです。あなたが人間ならば、人間であるだけで十分なのです。どうしてブッダにならないといけないのですか？ あなたは人間で、その人間には目覚めた本質が含まれていると気づいているなら、もう何の後も追いかけなくていいことがわかるでしょう。追い求めているものを、すでに持っているのです。仏性《ぶっしょう》（目覚めの種）は、人間の本質の中に完全な形で存在しています。あなたは何かになる必要はありません。すでにあなたがなりたいものになっているからです。これが無願の扉で、私たちが走りまわることから解放されうる教えです。般若心経は次のように続きます。

これがわかった者は、何も得る必要がなくなる。

得ようとする対象はなく、達成すべきものは何もない。すべての現象から、ひとつだけ独立して存在しているような「達成」はないのです。それもまた原因と条件によるものですから、さまざまな原因と条件が合わさって形になったときだけ、現実としてあらわれてくるのです。そのことに気がつけば、もう到達することを追い求めなくなるでしょう。

私たちは、自らの現象のとらえかたを深く観ていかねばなりません。私たちは何かを認知するときに、記号のような固定した形（相《そう》）として、つまり、識別作用によってとらえる対象として摑もうとします。[**] 固定した形にしがみつこうとするのは、蝶を摑もうとするのと同じことです。あるがままの現実ではなくその影を摑んで、自分の感じる感覚や、自分にとって幸福や

---

*――著者の詩集 Call Me By My True Names（『本当の名前で呼んでください』Parallax Press, 1993, 未訳）に収録されている "Butterflies over the Golden Mustard Fields"（黄金の辛子畑を舞う蝶）より引用。

**――「摑む」は仏教用語で、サンスクリット語ではプラプティ。五蘊のうちの想をあらわす漢字は「相」（外見）と「心」からなり、ゆえに想は、「何かを摑もうとする心」である。ひとつの現象を深く観るなら、相はじつは存在しないものと見てとれるので、その現象を摑まない。これを「無得（むとく）」と言い、サンスクリット語はアプラプティ。

成就や成功の対象となる何かを捕まえようとします。愛する人や果ては涅槃までも摑もうとします。ただ、そのように摑むのは必ずしも渇愛からではなく、怖れるがゆえに摑んでいることもあります。独立した自己のアイデンティティにしがみつき、そのような「自分」を失うのが怖いのです。私たちの実践は、静かに坐って、思考を止め、あらゆる現象の本質は摑むことができず決まった形もないと、見きわめる機会を自分に与えるのです。そうすれば、摑めば苦しむだけであるという洞察がもたらされるでしょう。これが無願の智慧です。何かについて、その本性をはっきりと見抜いたとき、まだそれを摑もうとしたり、逆に拒んだり、どうしても手に入れようと後を追いかけたりはしなくなるでしょう。もはや何も、達成すべきことも、摑むことも、追いかけることもないのです。

何の夢を追っているのか

何かを手に入れようとすることが、私たちを走らせます。未来に突っ込み、現在から逃げ、自分自身から逃避します。本当の我が家からも逃げます。先祖、両親、自分の文化からも逃げます。つまり私たちの心の中には、餓鬼の種、浮遊霊の種があるということです。そのように逃げていると、時として人生が私たちに、本来の家に帰るための最後の機会をよこすことがあります。私たちは一生、どうしても逃げ続けることを止めません。ほんのささいな理由で逃げていることもあります。私たちは雲を追い、蝶を追っているのでしょうか。地位や、学位や、名声や、金銭を追いかけているかもしれません。

ベトナムの昔話に、高級官吏になるための試験を受けた学生の物語があります。ある日の帰り道、疲れてお腹が減った彼は、自分の人生の師の家に立ち寄りました。若者の疲労困憊《こんぱい》した様子を見て、先生は言いました。「横になって休みなさい。粟《あわ》のスープを作ってあげよう。それができたら食べるといい」

若者はすぐさま深い眠りに落ちました。夢の中で、彼は試験に合格し、国王からいたく感心されて、王女と結婚することができました。彼はとても位の高い官僚になり、多くの権力を手に入れました。それから長い年月が経ったある日、侵略者が国に入り込んできて、彼は兵を出して食い止めるよう命ぜられました。しかし、戦略に長《た》けていなかった彼は敗けてしまいました。彼が夢の中で叫ぶと、先生が寄ってきて、肩をたたいて起こしてくれました。我に返った彼は、自分はまだ小屋で寝ていることに気づきました。

すると先生が言いました。「スープの用意ができたぞ。さあ、起きて、私と一緒に食べなさい」。お椀に一杯ほどのスープができあがるまでに、彼は数多くの浮き沈みと、たくさんの喜びと痛みを通り抜けました。官僚試験に合格し、王女と結婚し、高い位に就いたこと。侵略者を迎え撃ちに行き、敗れたこと。粟のスープを料理しているあいだに、これほど多くのことが起きたのです。彼は驚いて、自らに問いかけました。「僕は何の夢を追っているんだ？　何の後を追いかけているんだ？　いったい何が僕を引きつけているのだろう？」幸いなことに、彼は目を覚まして、人生でたどるべき道を再検証するチャンスを得たのでした。

私たちはそれぞれに時間をつくり、いったん坐って、ふりかえり、問いかけてみるべきでしょう。自分は、「摑む」というゲームをどんなふうにプレーしてきたのか？　過去には何を摑んできたのか？　今は何を摑んでいるのか？　蝶を追いかけているのか、それとも雲を追いかけているのか？　私たちを愛する人から引き離し、我が家から逃げ去るように、じつに多くのものごとが働きかけていると考えられます。

そうして目が覚めると、心の導き手によって、今こそが本来の家に帰るときであることに気づかされるのです。私たちは長いこと、さまよってきました。自分の人生もさんざんだめにしてきました。今、自分のルーツと、先祖と、真の我が家に立ち返るときが来ました。安らぎと幸福と自由に戻るときが来たのです。

それでも何かを求める気持ちが収まらず、幸せになるために欠かせないと思っているなら、あるいは何かを探して走りまわっているのなら、あなたはまだ「得ること」の概念にとらわれているのでしょう。蓮《はす》は、蓮としてすでにとても美しい。水仙にならなくていいのです。蓮の中に水仙があり、水仙の中に蓮がある、それが真理です。私たちは、花にも、自分自身にも、同時になることができます。私たちは鹿であり、魚であり、リスです。そしてリスと鹿と魚は、私たちなのです。私たちの苦しみは、鹿や魚やリスの苦しみでもあります。すべての存在の本性が私たちの本性そのものであるとわかったときに、私たちは自由になるのです。

第十五章

自由

彼岸へと渡るための智慧を行じる菩薩たちの心には、もはや一切の妨げとなるものが見いだせない。

菩提薩埵　依般若波羅蜜多故　心無罣礙

何か欲しいものがあるとしましょう。それは手でつかみとれる独立した実体だという概念を取り去れば、心を覆い妨げるものは消えていきます。何か対象を追いかけている限り、あなたの実践には妨げるものがあるでしょう。サンスクリット語で「妨げるもの」はアヴァラナで、「心の妨げ」はチッタヴァラナです。ほぼすべての妨げるものは、私たちの心から生じます。私たちの経験する苦しみは、じつは私たちの中から来ているのであって、外にいるだれかが私たちの心の中に持ち込んでいるのではありません。もしもあなたが幸せではなくて、苦しんでいて、悲しくて、怒っているなら、それは心の中に妨げるものがあるからであり、環境によるものではないのです。

仏教では二種類の妨げるものがあります。「所知障《しょちしょう》」――知識による妨げと、「煩悩障《ぼんのうしょう》」――苦悩による妨げです。知っていることとしての知識を妨げとして見なすのは、真理を求めて先に進むためには、すでに知っていることを手放さなければならないからです。今もっている知識が絶対的な真理だと信じてしまうと、視野が閉ざされてしまい、それより深い真理にたどり着けなくなります。

いかにして知識は妨げになりうるのか、真理を見ないようにさせるのかを、ブッダはある話を通して説明しています。それは、幼い息子を家に残したまま、仕事で遠くに出かけた商人の話です。彼が留守にしているあいだに、盗賊がやって来て村を荒らしまわり、彼の家に火をつけて焼きはらい、息子をさらって行きました。商人は家に戻るとあちこち探しまわりましたが、息子は見つかりません。ただ、焼け落ちて廃墟となった我が家の横に、黒こげになった男の子の死体がありました。「これは息子に違いない」、と彼は確信しました。髪をむしって、胸をたたき、子守りもつけずに息子を残して出かけた自分を責めました。そして伝統にしたがって、その子の死体を荼毘《だび》に付す儀式を行いました。それが終わると、亡骸の遺灰を特別に絹で作った袋に入れ、食事をするときも、寝るときも、仕事のときも、常に首からぶらさげていました。

ある晩、息子の夢を見て目が覚めた彼は、再び寝つけなくなりました。悲嘆にくれ、自責の念にかられて、涙を流してうめきました。そのとき、彼は扉をたたく音を聞いたのです。じつは、息子は幸運にも盗賊から逃げおおせて、村に帰ってくる道を見つけたのでした。息子は新しく建てられた家の前に立ち、扉をたたいて、父親の名を呼びました。商人は泣きながら、胸にさげた大事な遺灰の入った袋を握りしめて怒鳴りました。「そこにいるのはだれだっ？」

すると幼い男の子が答えました。

「父さん、ぼくだよ、扉を開けて！　父さん、扉を開けてよう！」

けれども息子はもう死んだものと信じ込んでいた商人は、これはきっと若いタヌキか何かが、自分が嘆き悲しむのをからかっているに違いないと考え、扉を開けるのを拒みました。男の子は何度も何度も呼びましたが、父親は扉を開けてはくれませんでした。ついにその幼い男の子は絶望して、立ち去りました。

手放すこと

何かを真理であると見なしてそれに執着すると、とらわれてしまいます。真理そのものがやって来てあなたの扉をたたいても、あなたは開けないのです。仏教では、自分の知識を手放すこと（放下著《ほうげじゃく》）がとても大切であるとされています。知識は、瞑想をする人が最初に取り除くべき心の妨げです。何ごとについても、あまり確信をもちすぎてはいけません。

知識があるとより多くの概念を抱え込んでしまい、手放すのが難しくなります。けれども上手に工夫すれば、同時生起（縁起）や相互存在（インタービーイング）などの新しい概念を活用して、生死や有無などの旧態依然たる概念から自由になることもできます。そして自由になったなら、今度は、同時生起や相互存在の概念を手放さないといけません。教えとはすべてそのようなものです。井戸を掘るにはスコップを使いますが、掘り終わったら、そのスコップは片づけねばなりません。どこに行くにもスコップを担いでいくのではないのです。どんな概念も、智慧の基盤として使うことはできません。涅槃や解脱や悟りのような概念もしかりです。知識は妨げになりうるのです。真理は知識や概念の蓄積の中にではなく、ただ生きることの中にだけ存在しうることを、心にとめておきましょう。

もうひとつの妨げは、私たちの悩みと苦しみです。混乱、憎悪、不安、渇望、復讐心のような心の状態を総じて煩悩障と呼んでいます。たとえるなら、鏡の表面をおおっているほこりが、鏡がそのままの現実の姿を忠実に映すことを妨げているようなものです。心配や苦しみ、混乱、怒り、かたくななものの見かたが心の負担としてあると、マインドフルネスと、集中、洞察を実践して自分の中とまわりを深く観ることが、ひじょうに難しくなります。はっきりと見定めるためには、諸々のものの見かたや、先入観や、苦悩から自由であることが大事です。

「知識による妨げ」と、「苦悩による妨げ」は関係しています。誤った認知があるから、多くの苦しみがあるのです。たとえば、私たちには不死の魂と独立した自我があると考えるかもしれません。このような概念は大きな怖れと不安と苦しみをもたらします。不死の魂の運命はどうなるのかと案じながら、自分の地位と名誉を心配し、他の人からどう思われるかについて悩むことになります。自分には他から分離し独立した自我があると信じるから、自分と他を比較して、それよりも良いとか悪いとか、あるいは同じ程度だと言ってコンプレックスをもつのです。独立した自我があるという考えを手放すときに、コンプレックスは消え、広大な自由がもたらされるのです。誤った認知を手放せば手放すほど、自由は大きく広がっていきます。

洞察による解放

　私たちを縛っている結び目をすべて解くと、涅槃と呼ぶ自由が得られます。苦悩と知識による妨げを少しだけ手放すと、小さな涅槃が得られます。それは今ここに、この瞬間にあります。手放すことによってのみ、自由を得ることができます。

　だれかが怒っているとしましょう。その人は顔が真っ赤になって、地獄にでもいるかのように感じています。もしそこで、ありのままの現実をよく観て、慈悲の心を起こせるなら、灼熱の怒りは去っていくことでしょう。そして涼しくなり、安らいで、楽になるはずです。涅槃は涼やかな境地です。憎しみの感情を手放すならば、涅槃の味を知るでしょう。疑う感情を手放せば、涅槃を得るでしょう。涅槃はどこか遠くの夢ではありません。手放す用意ができて、知識と苦悩による妨げを解放した瞬間に、涅槃はもうそこにあります。

　仏教を実践し修行する目的は、解放と自由を得ることです。私たちを縛りつけて苦しめている紐や縄の結び目をほどいて自らを解放することが、実践するということなのです。私たちはみな、がんじがらめになっています。十分に自由がある人はだれ一人としていません。ですから私たちを縛っているすべてのものを認識して、それらをゆっくりと解いていくことを学びましょう。他の人はあなたの紐と縄を解く手助けはできても、最終的には、あなたが自分自身で解かねばなりません。

彼岸へと渡るための智慧は、私たちが結び目をすべて解いて苦悩を断ち切れるように助けます。向こう岸に渡るというのは、解放の岸辺にたどり着くことです。仏教では、恩寵《おんちょう》によってではなく、智慧を通して、解放や救済がなされると説いています。ただ、智慧は私たちを自由にするわけですから、それも恩寵の一種であると言えるでしょう。

第十六章

もう怖れない——無《む》畏《い》

心に妨げがないので、あらゆる怖れを乗り越え、
すべての誤った認知を打ち砕き、
完璧な涅槃を実現することができる。

無罣礙故　無有恐怖　遠離一切顛倒夢想　究竟涅槃

独立した実体があるという概念と、誤った認識を手放すとき、怖れることはなくなります。「無畏」——怖れないことがあってはじめて、苦しみから楽になることが完結します。サンスクリット語経典ではアトラスタという言葉がこれに該当しますが、「身震いしない」「怖がらな

い」という意味です。菩薩は心にわだかまりが何もないので、もはや恐怖で震えることはなく、いっさいの誤った認識を打ち壊すことができます。怖れがなくなってはじめて、真の安らぎと幸福が訪れます。

誤った認知

私たちの意識は、常に何かをつかんで、それにしがみつこうとします。そのような意識が私たちの現実を構築しています。仏教ではこれをカルパナ（分別《ふんべつ》）と言います。私たちの思考はまるで絵描きのようです。ありとあらゆる美しいものを描きますが、しょせん想像の産物でしかありません。愛すること、何かを欲しがること、何かに怒ること、憎むことなどのイメージは、私たちの思考と認知が作り出します。そして認知はすべて誤っています。誤りのない認知のことを、「真の理解」や「智慧」と呼びます。

従来、仏教では四つの誤った認知について、「四顚倒《してんどう》」――上下がひっくり返った認知を説いています。その四つは、まず第一に、変わりゆくものを、じつは変わらないのだと妄想すること。第二に、苦しみをもたらしているものを、幸福をもたらすのだと誤解すること。第三に、自由を奪っているものを、自由を与えてくれていると取り違えること。そして第四に、不純なものを、純粋だと思い違いすることです。このような誤った認知は、どれも私たちの苦しみと不安の原因になります。

何かとても欲しくてたまらないと思うものの後を追いかけるのは、それに対して誤った見かたをしているからです。本当は勘違いなのに、真実だと信じ込んでいるのです。そのような認知によって、私たちは苦しみ悶えることになります。たとえば、薬物の使用は幸福と自由をもたらすと信じている人たちもいますが、実際にはその奴隷になっているわけです。他にも、お金や名声、権力、富、快楽の奴隷になっている人たちがいます。富と権力がなければ安心できないと思っている人もいるでしょう。しかし真実は、偉大な権力と富をもつ人ほど、巨大な怖れと嫉妬と不安を抱えている人たちなのです。

バッディヤの話

ブッダが生きた時代のインドに、バッディヤという名の男がいました。その地方の統治者のような立場をずっと務めていましたが、ブッダと弟子たちを目の当たりにしてすっかり感化され、僧になることを決めました。ある晩のこと、出家してからまだ間もないころでしたが、バッディヤは坐って瞑想をしていました。彼は僧侶になってからというもの、すべての責任と不安を手放すことができて、大きな幸福を感じていました。坐る瞑想をしているさなかに、あまりにも嬉しくなって、「ああ、私の幸福よ！　私の幸福よ！」と叫びました。それを聞いた近くで坐っていた別の僧は、バッディヤは自分の地位をあきらめたことを後悔しているのだろうと思いました。地方の統治者だったときには、強大な権力と多くの護衛たち、たくさんの所有物、金銭、そして召使いたちを抱えていた人物です。しかし今はそれらすべてを手放してしまい、ひとりの質素な僧でしかありません。他の僧たちはブッダのところに行くと、バッディヤの言ったことを報告しました。

ブッダはバッディヤを理解しました。他の僧侶たちのいる前で、彼を自分のもとに呼び寄せて尋ねました。

「あなたは瞑想しているときに、ああ、私の幸福よ！　私の幸福よ！と叫んだのか？」

「目覚めた方、おっしゃる通りです」とバッディヤは答えました。

「私は瞑想しているときに、ある時点で確かに、ああ、私の幸福よ！と叫びました」

「その理由を教えてはくれまいか？」

「ブッダよ、私は地方の統治者でいたとき、何でも持っておりました。守る兵隊たちを抱えていました。地位がありました。召使いたちがいました。お金もたくさん持っていました。それなのに、私はいつも怖れの中に生きていたのです。何者かに襲撃され、殺され、富と地位を奪われはしないかと怯えていました。数多くの護衛兵と強大な地位と富がありましたが、怖れもたくさんあったのです。そんな私はあまり幸せではありませんでした。しかし僧侶となった今、私には何もありません。統治者という肩書きさえも、手放しました。坐って瞑想していると、大きな幸福と大きな自由があることをはっきりと感じました。私はもう何も心配することがなくなったので、少しも怖れがありません。私はすべてのものを手放したのです。そんな自由な状態になって、私は抱えきれないほどの幸福を感じ、ああ、私の幸福よ！と叫ばざるを得なかったのです」

バッディヤは手放したものを後悔していたのではなく、むしろそれを楽しんでいたのです。これさえあれば幸せになれるという考えそのものが、まさに幸福になるための障壁になっているのかもしれません。バッディヤもはじめは、地位と権力と富が幸福をもたらすのだと考えていましたが、すべてを達成しても、まだ幸福ではありませんでした。じつは、その地位と権力と富こそが、彼の幸福を邪魔していたのです。

出家して僧侶や尼僧になるというと、何て馬鹿なことをするのだろう、という人もいるかもしれません。しかし真実として、それはとても賢明なことなのです。すべてを手放すからこそ、喜びと幸せと安らぎを得られるのです。身軽になるのです。そこにはもはや怖れも不安もありません。

涅槃

ニルヴァーナ（涅槃《ねはん》）は「消滅する」という意味です。どこかに出かけて行ってたどり着く場所のことではありません。涅槃は未来にはありません。涅槃は、今ここにある現実の本当の姿です。それは今ここにあります。あなたはすでに涅槃に入っています。

大海の水面にあらわれて高まってくる波を想像してみましょう。波は水からできていますが、ときどきそのことを忘れてしまいます。波には始まりと終わりがあり、上昇したり下降したりします。他の波よりも高くなることもあれば低くなることもあります。もっと美しくなったり、そうでなくなったりします。始まりと終わり、上昇と下降、美しさと醜さ。波がこのような概念にとらわれたならば、きっと苦しむことでしょう。

けれども波が水であることに気づけば、高くなったり低くなったりするのが楽しくなります。ひとつの波であることを楽しみながらも、同時に、他のすべての波であることを見通します。そこには分け隔ても怖れもまったくありません。今この瞬間に、水はどこにあるのかなどと探しに出かけなくていいのです。波はすでに水そのものなのですから。

つまり、私たちも涅槃を探しに行く必要はないのです。涅槃は、私たちの本性です。始まることもなく終わることもない、生まれることもなく死ぬこともないという本質です。私たちもこの波のように自らの本性に触れられるならば、すべての怖れと怒りと絶望を乗り越えることができます。苦しみは、生死、有無、来去、同異という二項対立の概念から生じ得ます。涅槃は探究し求める対象ではありません。あらゆるものは、すでに涅槃の中にあるので、涅槃に入る必要がないのです。私たちが生きるこの現実は、生まれることもなく死ぬこともない、来ることもなく去ることもない。私たちは完全に涅槃に入りきっているのです。始まりのないときからずっと、私たちは「涅槃化」されているのです。

第十七章

悟ったのはだれか？

過去、現在、未来の三世のあらゆる仏たちも、彼岸へと渡るための智慧を行じることにより、完璧な悟りを得ることができる。

三世諸仏　依般若波羅蜜多故　得阿耨多羅三藐三菩提

ブッダによると、すべての人に悟りの種、あるいは仏性《ぶっしょう》があると言います。この種は人間の中にだけではなく、動物、植物、鉱物にもあります。人間は人間以外のものからできていて、その人間には悟る能力があるというのですから、悟る能力は人間でない諸々の要素にもあるはずです。はっきりとした目覚めが完全にあらわれるためには、正しい諸条件が整えばよいだけなのです。ブッダの悟りは抽象概念ではありません。気づきの心を保ち、集中して、理解力があり、慈悲があることです。私たちも自分自身に立ち戻り、マインドフルネスを実践して集中力を養えば、本来各自に備わっている悟りの種に触れることができ、その種を育てることができます。

私がまだ沙弥《しゃみ》（見習い僧）だったころ、ブッダになるのはとても難しいことで、何度も生まれ変わらねばならないのだと信じていました。しかし悟りは時間の問題ではありません。それは一瞬にして得られるもので、何か月、あるいは何年もかかるような話ではないのです。私たちはマインドフルな呼吸と歩みの実践を通して、私たちのためにブッダに呼吸してもらい、私たちのためにブッダに歩いてもらうことを学びます。すると、あなたはブッダとなるように学び、ブッダはあなたになるように学んでいきます。じつはとても簡単なのです。最初はパートタイムのブッダから始めて、ゆっくりとフルタイムのブッダになっていきます。ときどき後退してパートタイムのブッダに戻ることもありますが、着実に実践を重ねていけば、ふたたびフルタイムのブッダになります。悟りの境地はすぐそこに、手の届くところにあります。あなたはいつでもどこでも好きなだけブッダになれます。――それはとてもいいものですよ。私たちは人間ですから、ブッダは常にそこに存在しています。

悟るのは今

悟ることは、常に何かについての悟りです。いくらか悟りを得るために、何年もかけて修行することはありません。悟りは私たちの日常生活の関心事です。マインドフルネスと心の集中を修練していけば、一日に数回は洞察や悟りを得られるでしょう。あなたは息を吸うだけで、生きているという事実を悟ることができます。あなたが生きていること自体がすでに奇跡なのです。息を吸いながら一歩を踏み出せば、気づきの心の灯火が、まるでろうそくのように心の中に灯ります。この美しい地球という星の上を歩くことが驚異なのだとわかります。このような覚醒や洞察があるだけで、すでに安らぎと幸福がもたらされるのです。他に欲しいものなどありません。生きて、息を吸い、一歩を踏む。それでもう、十分にすばらしいのです。これはすでに悟りです。私たちの内側に気づきの心が輝くなら、私たちは聖者になり、ブッダになり、菩薩になります。世の光となります。

私にとって悟りとは、本当の状況について深く理解するということです。悟りには個人の悟りと、集団の悟りがあります。その一例として、地球が危ない状態にあるという事実に目覚めている人たちがいます。その人たちの悟りのおかげで、私たちはこの惑星の未来が可能になるような暮らしかたを心がけようとします。しかし、まだ悟りを得ていない人たちもいます。その人たちは何が起きているのかを知りません。私たちの星が危機的な状況にあることを知らないのです。だからこそ、他の人たちの目覚めを助けられるような実践のしかたをしなければなりません。そうすれば、その人たちも悟りを経験することができます。悟りを得ればおのずと、この星を守るような働きができる生き方に変えていきたいと思うことでしょう。そのようなわけで、個人の悟りと集団の悟りはどちらも生み出さねばならないのです。悟りは私たちの日々の暮らしにおける実践です。私たちの中にマインドフルネスと集中のエネルギーが宿るようになると、いつもの生活の一瞬一瞬が悟りのときになります。

ブッダは悟りを得た後でも、毎日、坐る瞑想や歩く瞑想、正しい気づきによる呼吸を行じていたことがわかっています。諸々の経典にはそれを裏付ける豊富な証拠があります。ブッダがそうしたのは、すべては無常であり、洞察と悟りもまたしかりであるからです。たとえとてもよい洞察を得たとしても、集中力をもって維持し、生活のあらゆる側面に応用していかないと、すぐにその洞察を失ってしまうでしょう。悟りも、幸福や解放さえも、無常でないものは何ひとつありません。どれもみな無常だからこそ生み出されるのです。その養いかたを知らなければ、何か別のものに戻ってしまうことでしょう。

チャンナ・スートラ*

般若心経では、「過去、現在、未来の三世のあらゆる仏たち」は、まぎれもなく完璧な悟りを得ることができると説いています。でも、実体（我《が》）はないと言うなら、過去、現在、未来の仏はいったいだれなのでしょうか？　実体がないのに、だれが修行しているのでしょうか？　悟りを得るのはだれなのでしょうか？　チャンナ・スートラはこの問いに対する答えを助け、般若心経を補完する経典です。

チャンナという人がいて、彼はブッダの入滅時にちょうど出家した僧でした。そのため、ブッダの説く教えを直接聞く機会がまったくありませんでした。このチャンナには私たちと同じ深い疑問がありました。もし本当に実体がないのなら、このように学び、修行し、真理を得ようとしている者はいったいだれだというのか。彼は鹿野苑《ろくやおん》にブッダの存命時からの弟子である尊い僧侶たちがいると聞いて、そこに行って小さな小屋を建て、教えを求めました。

当時、人びとは自分の学んでいる教えが本当にブッダの教えであり、別のものではないことを確かめたがっていました。そのため、ひじょうに狭い理解にもとづく教えの定型表現にこだわりました。諸行無常　諸法無我　涅槃寂静――この世のすべてのものは永遠ではない。現象にはどれも実体がない。涅槃こそが安らぎである（三法印《さんぽういん》）。そんなわけで、チャンナが我《が》と無《む》我《が》の意味を質問しに行くと、いつも、「それはだれでもない。ブッダは、我はないと説かれたのだ」と返されてしまいます。その僧侶たちは、「有」――存在することと「無」――存在しないことにとらわれていました。

チャンナは満足できませんでした。ブッダの世話係を何年も務めたアーナンダという弟子がコーサンビーの地に滞在していると聞いて、そこまで行くことにしました。アーナンダはチャンナにこう言いました。

「私があなたを助けてあげましょう。私は世尊がカッチャーヤナ（迦旃延《かんせんねん》）という者に教えを説かれるのをじかに聴きました。ブッダは、有という考えにとらわれるのは誤った見かただが、無という考えにとらわれるのも同じように誤った見かただとおっしゃったのです」

アーナンダは続けました。「我《が》を受け容れず、摑まず、その考えに固執しない。また、自らがとらわれている我《が》を、比べることなく、測ることもしない。そうすれば、苦しみが生じるに足りる原因があれば、苦しみが生じ、原因が足りなくなれば、苦しみは滅することを知るで

*――ここに引用されているチャンナ・スートラは、漢文経典では雑阿含経二六二で、パーリ語経典サンユッタ・ニカーヤ二二・九〇に相当する。

しょう」

これはどういうことかと言うと、苦しみは生じて滅するけれども、そこに実体がある必要はなく、したがって有も無も適用できないという意味です。これこそが、チャンナが理解しなければならない主な点でした。つまり、そこに存在して学び、修行し、悟りを得るのに、それぞれ独立した実体は要らないということです。この教えを聴いて、チャンナは悟りを得ました。チャンナ・スートラは、ブッダの説いた正統な教えと定型表現が残されている、とても貴重な経典です。「この世のすべてのものは永遠でない。現象にはどれも実体がない。涅槃が安らぎである」

多くの人はブッダを誤解してきました。そのひとつが、形あるもの（現象）と涅槃の関係です。涅槃は形あるもので、何かの現象だと思ってしまいやすいのですが、涅槃は現象ではありません。すべての形あるもの、あらゆる現象の基盤です。それはちょうど、すべての波と雲の基盤が大海であるのと同じことです。波が存在し、雲が存在する。そしてそれと同時に、波と雲は大海として存在しています。大海は、波と雲のおおもとなのです。

仏教の各宗派は、実体に新しい呼び名をつけました。「我」と言ってしまうと、ブッダの教えに反することを怖れたのでしょう。けれども、ありのままの現実はとてもわかりやすいものなのです。あなたの言う「我」が不死の魂などではなくて、多くの原因と条件が寄せ集まってあらわれたものだとわかっているなら、あなたは大丈夫です。実体をどう呼ぶかの名前ではなく、目覚めた心こそが一番大事なことです。

第十八章

呪文

それゆえ舎利子よ、彼岸へと渡るための智慧は、
偉大なる呪文であり、もっとも輝かしい呪文であり、
もっとも崇高な呪文であり、比べようのない呪文であり、
どんな類の苦しみも終わらせる力を持つ、真の智慧である。

だから、私たちが彼岸へと渡るための智慧を讃える呪文を、高らかに唱えよう。

ガテー　ガテー　パーラガテー　パーラサンガテー　ボーディ　スワハー！

故知般若波羅蜜多　是大神呪　是大明呪
是無上呪　是無等等呪　能除一切苦　真実不虚
故説般若波羅蜜多呪　即説呪曰
羯諦羯諦　波羅羯諦　波羅僧羯諦　菩提薩婆訶

呪文（マントラ）は、体と心と息がひとつになって深く集中したときに唱えるものです。そのような深く集中した状態にあると、ものごとを見るのに、手のひらにのせたみかんを見るのと同じぐらいはっきり見えます。観自在菩薩は五蘊《ごうん》を深く見つめることで、インタービーイングの本質を見きわめ、すべての痛みから完全に解放されました。この強力な呪文を発したのは、そのように深く集中し、歓喜し、解放された状態にあってのことでした。

観自在菩薩の呪文は、次のようなものです。

ガテー　ガテー　パーラガテー　パーラサンガテー　ボーディ　スワハー！

ガテーとは「往った」という意味です。苦しみから、苦しみの解放までたどり着いたということです。「気づきを忘れた心」から「気づきのある心」に往ったのです。二元的なところから非二元的なところに行ったのです。ガテー　ガテーは「往った、往った」、パラーガテーは「完全に彼岸に渡りきった」という意味です。この呪文はそのようなとても強い口調で話されているわけです。往って、往って、完全に向こう側に渡りきったということです。パーラサンガテーのサンは「みんな」、それはサンガであり、生きとし生けるすべてのものの共同体です。向こう岸に渡りきったすべてのものたちよ、ということです。ボーディは「内なる光、悟り、覚醒」です。あなたが観るならば、そこに映る現実の真の姿が、あなたを解放するのです。スワハーは「歓喜の叫び」で、「ああ!」「ばんざい!」でしょうか。キリスト教ならば「ハレルヤ!」でしょう。これを全部つなげると、「往った、往った、完全に向こう側に往った、彼岸に渡りきったすべての者たちよ、悟りよ!」

菩薩が口にしたのはこんな言葉です。この呪文を聴くときは、気づきを保って集中した状態に自分自身をもっていき、観自在菩薩の発する力を受けられるようにします。般若心経は歌を歌うように唱えるものではありませんが、かといって頭の知識だけでそらんじるものでもありません。空の瞑想を行い、インタービーイングの本質をあなたの心と体と意識で体現し、それを持続できれば、かなり集中した状態が得られます。そうして、あなたという存在のすべてを投入して呪文を唱えるなら、呪文は力を発揮し、観自在菩薩と真の交流を果たすことができます。本当の聖体拝領†(コミュニオン)が実現し、あなた自身を悟りに向かって変容させていくことができるのです。般若心経は機械的に唱えるものではなく、信仰の対象として祀《まつ》るものでもありません。すべての衆生を解放するために、わたしたちの解放(解脱《げだつ》)を助ける道具(ツール）として与えられたものです。言うなれば、畑を耕すために農具をもらったようなものです。自らの心の庭を耕せるようにと、観自在菩薩が私たちに授けてくれた贈り物です。

心から唱える

般若心経は、プラジュニャーパーラミター（般若波羅蜜）の教えの真髄を表現したものです。空の教えの中には、無相《むそう》、無願《むがん》、仮名《けみょう》、中道《ちゅうどう》、相即相入《そうそくそうにゅう》、縁起《えんぎ》のすべての教えが入っていることがわかります。仏教では、ひとつのものは他のすべてのものを抱いていると考えます。これらの教えのどれかひとつでも深く実践すると、現実の本質に通じるドアを開けられるチャンスがあります。

般若心経はとても短いですから、しょっちゅう唱えることができます。一日一回、あるいは複数回唱えることもあります。簡単に暗記することもできます。そうやって暗記した人たちの中にはとても速く唱える人たちがいますが、そのような読経に真の般若波羅蜜の精神が必ずし

†――キリスト教で、イエス・キリストの最後の晩餐に由来し、パンをキリストの体、ぶどう酒をその血として拝受する儀式。

も宿っているとは限りません。唱えるときに深く観ることを怠ると、効果はそれほどないのです。

唱えるときはいつでも、本書などの解説書を読んで得た洞察や智慧を観ることができるように、自らを訓練しましょう。ロボットが読み上げているようにならないように、美しい声を出すことだけにかまけないように、いつも気を配りましょう。さもないと、せっかくの唱える機会が無駄になってしまいます。意識の中に言葉が入ってきても、心底その影響が及ばなくなります。反対に、唱えている最中に洞察のひらめきを得るならば、その効果は無限大になるでしょう。

私自身が唱えるときは唱えることそのものに、だれかが唱えるのを聴くときは聴くことそのものに集中します。この短い経典では、それぞれの節ごとに教えのエッセンスが表現されています。ひとつの節を唱えている最中に集中力を失うと、貴重な機会が損なわれます。仏教を単なる信心のレベルで実践していると、ブッダの力は自分の体の外にあって自分を救いに来てくれるものと思い込み、ついついブッダの力に頼りがちになります。でも般若心経はそれ以上のものです。私たちは禅の精神にもとづいて唱えたり聴いたりします。目覚める力、今自分を縛っているものから自由になるための洞察を得る力が、自分自身にあると信じます。

聴きなさい、舎利子よ、
この体そのものは空であり、空そのものはこの体である。
この体は空以外ではなく、空はこの体以外ではない。

私はこの行を唱えるときに、自分の手を使います。まず、人差し指と親指の先をくっつけます。経文を唱えつつ、私の意識は四つのフレーズに完全に集中しています。「この体そのものは空であり、空そのものはこの体である。この体は空以外ではなく、空はこの体以外ではない」――すると、あたかも稲妻の光が四すじほど、私の脳の中で駆け抜けていくかのように感じます。

聴きなさい、舎利子よ、
すべての現象には、空が記《しる》されている。

次に、この行ではじまる一節を唱えるのに、中指を動かして親指の先につけます。そのまた次の一節では薬指につけます。一つの節を唱えるごとに違う指をくっつけます。その指と親指がつながることで、私の集中した意識は、般若心経の言葉と触れ合うのです。その結果、私の意識の中の洞察の種には、集中（サマーディ）の雨が喜びに満ちて降りそそぎます。おうむ返しに唱えるのでは、得られるものは洞察ではなくなり、ただの読み上げる音だけになってしまいます。

ある病気の男の話をしましょう。医者はその男の病気が治るようにと、鳥のキジを処方しました。しかし男はそこで誤解してしまい、キジを食べるのだとは思いませんでした。処方箋に「キジ」と書かれているのを見て、それは繰り返して唱えるものだと思ったのです。ところが何回唱えても、症状はまったく良くなりません。私たちの読経はこのようであってはいけないのです。

精神的か、呪術的か

精神的なものと信仰によるものと呪術的なもののあいだに、厳格な線を引くのは難しいことです。何世紀ものあいだ、般若心経はその時期によって、精神的な側面から理解されることもあれば、信仰上のものであったり、より呪術的であったりしました。この経典は無上の理解について説かれたものです。どんなものにもそれ自体の特質（自性《じしょう》）はないから、怖れと苦しみは乗り越えられるのだ、と私たちが理解できるように助ける教えです。

般若波羅蜜の実践は、精神的な修行の中でももっとも崇高な形態のひとつです。しかしながら、自分の生活を少しも変えずに、ご利益《りやく》を得るためだけに、朝、昼、晩と三十年も四十年も唱え続ける人たちもいます。それではちまたの仏教の多くの呪文や呪術と同じことです。――自らの生活に何の効果もないのに一年経ったらまた一年と唱えます。女性の魅力に影響されないように、来る年も来る年もスランガマ・ダラニ（首楞厳《しゆりようごん》陀羅尼《だらに》）を唱える僧侶などもそうです。呪文を唱えると悪霊を祓《はら》うことができると信じている人たちもいます。そのような呪文を習うと、あとで夢を見たりします。夢の中には悪霊が出てきます。呪文をそらんじても、悪霊は歯をむき出して笑うだけで、少しも怖がりません。精神的なものは信心に転じることがあり、信心は呪術的なものに変わることがあります。このような変質は、仏教の歴史で数多く起きてきたのです。

ベトナムのボート難民の中には、海を渡って逃げるときに持ち出したのは般若心経の写本だけだったという人もいました。般若心経は、風や波、サメ、そして海賊からも守ってくれると信じていたのです。私の弟子にも、私が書いた『禅への道――香しき椰子の葉よ』という本を持って海を渡って逃げた者たちがいました。その本は般若心経について述べているので、とても神聖な本だと感じたようです。般若心経の写本を自分の身を守るために使うのは、精神的な要素も少しはあるでしょうが、信心が主たるものです。舟にまで般若心経の写本を持ち込んでいるのだから、殺すことはないだろうと思ったのかもしれません。さらにイギリス軍がミャンマー（ビルマ）を空から侵略し、陸からは戦車と機関銃で攻撃したときに、呪文を書いた護符を身に着けて機関銃の前を歩いていった僧侶たちがいました。その護符があれば機関銃の弾は当たらないと思ったのです。印（ムドラ）を組んでその手を挙げれば、戦闘機は空から落ちてくるものと信じていました。

般若心経を編纂した古代の祖師たちは、インドで密教の諸学派が発展してくる中で、このような呪術や迷信に頼る傾向があることを見抜きました。呪文の暗誦は密教修行の中心となる行であったため、般若心経を真言として――すべての呪文の中でもまさに無上の呪文として――提供したのです。そうして般若心経は密教に取り入れられ、その土台になりました。それは今日の密教を見ても明らかなことです。

先達の師たちは、なぜ般若心経を呪文として提供する必要があったのか。それが理解できれば、般若心経はただの呪文だという考えから自由になれます。そのような方便を使わねばならなかったことに納得できれば、この経典は、本当は魔法の言葉や呪文以上のものであることがわかります。般若心経は、仏教のもっとも深淵な教えが金剛経よりもさらに圧縮された経典なのです。それがわかったら、心と体をマインドフルネスでつなぎ、すべての集中をもって唱えましょう。それは信心や呪《まじな》いを超える、真の精神的な実践です。般若心経はこのようにして唱えると、まぎれもなく現実に根ざしたリアルな真言になります。それは洞察による智慧と解放の呪文なのです。

結論

みかんのパーティー

般若波羅蜜は、生と死への怖れや「これ」と「あれ」の二元性を超えて、自分自身と和解するための確かな基盤を与えてくれます。空に照らして見るならば、すべてのものはそれ以外のものから成り立っており、私たちはお互いに関係し合いながら共存しているわけですから、だれもみな、人生で起きてくるあらゆることに対して、すべて責任があるのです。

あなた自身の中に平和と幸せを生み出すとき、あなたは世界に平和をもたらしはじめています。自らの中に微笑みを作り出し、意識的な呼吸を確立するならば、もうあなたは世界平和に向けて働きはじめています。微笑むことは、あなた自身のためだけではありません。あなたのその微笑みで世界全体が変わるのです。坐って瞑想をするときに、わずか一瞬でも瞑想を味わって楽しみ、あなたの中に清らかさと幸せを確立できるなら、世界に対してゆるぎない平和の基盤を提供していることになります。逆に、あなた自身に平和を与えられないなら、どうやってそれを他と分かち合うのですか？　まずあなた自身から平和活動を始めないで、どこから始めるつもりですか？　坐ること、微笑むこと、ものごとに眼を向けて本当によく観ること、それが平和活動の基本です。

プラムヴィレッジのリトリートでは、〝みかんパーティー〟というのをときどきやっています。みんな一個ずつみかんをもらいます。そのみかんを自分の手のひらにのせたら、よく見て、それが現実のリアルなものになるような呼吸のしかたをします。私たちがみかんを食べるときは、たいていよく見ないで食べています。他にたくさん考え事をしています。みかんを見るということは、みかんの花が実っていくこと、みかんに注がれる太陽の光と雨を観るということです。手のひらの上のみかんは、すばらしい命の証しとしてそこに存在しています。そのみかんをよく見て、その香りと、それを育てたあたたかく湿った土の匂いを嗅ぎます。みかんが現実のものになると、私たちも現実になります。その瞬間に、命が現実になります。

マインドフルにみかんの皮を剝いて、香りを嗅いでみます。ひと房ずつ、よく注意しながらていねいに取って口の中に入れると、本物のみかんであることが感じられます。完璧なマインドフルネスをもって、ひと房ずつ食べ、ぜんぶ食べ終わるまでそれを続けます。このようにみかんを食べるのはとても大事です。みかんとそれを食べる人の両方が現実になるのですから。

これも基本的な平和活動です。

仏教の瞑想では、今から五年十年先に得られるかもしれないような悟りを求めてもがくことはしません。命ある人生の一瞬一瞬が現実のものになるように修行します。ですから、瞑想するときはただ坐るためだけに坐ります。何か他のもののために坐るのではありません。二十分間坐ったなら、その時間は喜びと命がもたらされるはずです。歩く瞑想をするときは、ただ歩くためだけに歩きます。どこかにたどり着くために歩きません。一歩を歩むごとに、活き活きと生きていなければなりません。もしそうなっていれば、一歩ごとに現実の命が戻ってきます。

朝ごはんを食べて、腕に子どもを抱くときも、同じような気づきをもって実践することができます。「ハグする」ことは西洋の習慣ですが、私たち東洋人としては、そこに意識的な呼吸の実践をつけ足して貢献したいものですね。子どもを腕に抱くときや、自分の母親や夫や友だちを抱くときに、三回ほど息を吸って吐くならば、幸せは少なくとも十倍になります。相手を見るときは、マインドフルネスを保って、意識的に呼吸しつつ、本当によく相手を見るようにしましょう。

毎回の食事のはじまりに、お椀を見ながら、心の中でこう唱えてみることをおすすめします。「私のお椀は、今は空でも、あと一瞬で美味しい食べものが満たされるのを知っている」。食べものをよそってもらうにしても、自分で取るにしても、順番を待っているあいだに三回ほど息を吸って吐きながら、さらに深く自分のお椀を見つめていきます。「まさに今この瞬間に、世界中のたくさんの人びとがお椀を手にしているが、彼らのお椀はまだまだずっと空のままだろう」。国連によれば、一日に約二万一千人が栄養不良で亡くなっています。その多くは子どもたちです。ご馳走をいただけるのはとても嬉しいことですが、現実を観ることができるがゆえの苦しみもあります。しかしそのように観るときにこそ、私たちは正気に戻るのです。目の前にある道、つまり、自分自身と和解し、世界と和解して平和になるように生きるための道すじがはっきり見えるからです。善いことと悪いこと、すばらしいものと深い苦しみを見るのなら、自分自身にも世界にも平和をもたらすような生きかたをしなければなりません。理解することは瞑想の果実です。理解することがすべての基本になります。

ひと息の呼吸が、一歩の歩みが、ひとつの微笑みが、平和に対する前向きな貢献であり、世界が平和に向かうために必要なステップです。インタービーイングの観点から見れば、あなたの日常生活の平和と幸せは、世界の平和と幸せなのです。

さてみなさん、これまで注意深く聞いてくださってありがとう。観自在菩薩に耳を傾けてくださってありがとう。みなさんがそこにいてくれたおかげで、般若心経はとてもわかりやすいものになりました。

The Twelve Links of Interdependent Arising
and their Extinction
are also not separate self entities.
Ill-being, the Causes of Ill-being,
the End of Ill-being, the Path,
insight and attainment,
are also not separate self entities.

Whoever can see this
no longer needs anything to attain.

Bodhisattvas who practice
the Insight that Brings Us to the Other Shore
see no more obstacles in their mind,
and because there
are no more obstacles in their mind,
they can overcome all fear,
destroy all wrong perceptions
and realize Perfect Nirvana.

All Buddhas in the past, present and future
by practicing
the Insight that Brings Us to the Other Shore
are all capable of attaining
Authentic and Perfect Enlightenment.

Therefore Sariputra,
it should be known that
the Insight that Brings Us to the Other Shore
is a Great Mantra,
the most illuminating mantra,
the highest mantra,
a mantra beyond compare,
the True Wisdom that has the power
to put an end to all kinds of suffering.
Therefore let us proclaim
a mantra to praise
the Insight that Brings Us to the Other Shore.

Gate, Gate, Paragate, Parasamgate, Bodhi Svaha!

■付録1
英語版新訳

The Insight that Brings Us to the Other Shore

Avalokiteshvara
while practicing deeply with
the Insight that Brings Us to the Other Shore,
suddenly discovered that
all of the five Skandhas are equally empty,
and with this realisation
he overcame all Ill-being.

Listen Sariputra,
this Body itself is Emptiness
and Emptiness itself is this Body.
This Body is not other than Emptiness
and Emptiness is not other than this Body.
The same is true of Feelings,
Perceptions, Mental Formations,
and Consciousness.

Listen Sariputra,
all phenomena bear the mark of Emptiness;
their true nature is the nature of
no Birth no Death,
no Being no Non-being,
no Defilement no Purity,
no Increasing no Decreasing.

That is why in Emptiness,
Body, Feelings, Perceptions,
Mental Formations and Consciousness
are not separate self entities.

The Eighteen Realms of Phenomena
which are the six Sense Organs,
the six Sense Objects,
and the six Consciousnesses
are also not separate self entities.

般《はん》若《にゃ》波《は》羅《ら》蜜《み》多《た》心《しん》経《ぎょう》

観《かん》自《じ》在《ざい》菩《ぼ》薩《さつ》　行《ぎょう》深《じん》般《はん》若《にゃ》波《は》羅《ら》蜜《みっ》多《た》時《じ》　照《しょう》見《けん》五《ご》蘊《うん》皆《かい》空《くう》

度《ど》一《いっ》切《さい》苦《く》厄《やく》　舎《しゃ》利《り》子《し》　色《しき》不《ふ》異《い》空《くう》　空《くう》不《ふ》異《い》色《しき》

色《しき》即《そく》是《ぜ》空《くう》　空《くう》即《そく》是《ぜ》色《しき》　受《じゅ》想《そう》行《ぎょう》識《しき》　亦《やく》復《ぶ》如《にょ》是《ぜ》

舎《しゃ》利《り》子《し》　是《ぜ》諸《しょ》法《ほう》空《くう》相《そう》　不《ふ》生《しょう》不《ふ》滅《めつ》　不《ふ》垢《く》不《ふ》浄《じょう》　不《ふ》増《ぞう》不《ふ》減《げん》

是《ぜ》故《こ》空《くう》中《ちゅう》無《む》色《しき》　無《む》受《じゅ》想《そう》行《ぎょう》識《しき》　無《む》眼《げん》耳《に》鼻《び》舌《ぜっ》身《しん》意《い》

無《む》色《しき》声《しょう》香《こう》味《み》触《そく》法《ほう》　無《む》眼《げん》界《かい》乃《ない》至《し》無《む》意《い》識《しき》界《かい》

無《む》無《む》明《みょう》　亦《やく》無《む》無《む》明《みょう》尽《じん》　乃《ない》至《し》無《む》老《ろう》死《し》　亦《やく》無《む》老《ろう》死《し》尽《じん》

無《む》苦《く》集《しゅう》滅《めつ》道《どう》　無《む》智《ち》亦《やく》無《む》得《とく》　以《い》無《む》所《しょ》得《とく》故《こ》

菩《ぼ》提《だい》薩《さっ》埵《た》　依《え》般《はん》若《にゃ》波《は》羅《ら》蜜《みっ》多《た》故《こ》　心《しん》無《む》罣《けい》礙《げ》　無《む》罣《けい》礙《げ》故《こ》

無《む》有《う》恐《く》怖《ふ》　遠《おん》離《り》一《いっ》切《さい》顛《てん》倒《どう》夢《む》想《そう》　究《く》竟《きょう》涅《ね》槃《はん》

三《さん》世《ぜ》諸《しょ》仏《ぶつ》　依《え》般《はん》若《にゃ》波《は》羅《ら》蜜《みっ》多《た》故《こ》

得《とく》阿《あ》耨《のく》多《た》羅《ら》三《さん》藐《みゃく》三《さん》菩《ぼ》提《だい》

故《こ》知《ち》般《はん》若《にゃ》波《は》羅《ら》蜜《みっ》多《た》　是《ぜ》大《だい》神《じん》呪《しゅ》　是《ぜ》大《だい》明《みょう》呪《しゅ》

是《ぜ》無《む》上《じょう》呪《しゅ》　是《ぜ》無《む》等《とう》等《どう》呪《しゅ》　能《のう》除《じょ》一《いっ》切《さい》苦《く》　真《しん》実《じつ》不《ふ》虚《こ》

故《こ》説《せっ》般《はん》若《にゃ》波《は》羅《ら》蜜《みっ》多《た》呪《しゅ》　即《そく》説《せっ》呪《しゅ》曰《わっ》

羯《ぎゃ》諦《てい》羯《ぎゃ》諦《てい》　波《は》羅《ら》羯《ぎゃ》諦《てい》　波《は》羅《ら》僧《そう》羯《ぎゃ》諦《てい》　菩《ぼ》提《じ》薩《そ》婆《わ》訶《か》

般《はん》若《にゃ》心《しん》経《ぎょう》

自由を今ここに

ある刑務所での法話

序文

一九九九年十月十六日、私はティク・ナット・ハン師に同行して、プリタム・シン氏やブラザー・ウィリアムらのたくさんの仲間と一緒に、アメリカのメリーランド州ハーガースタウンにあるメリーランド刑務所を慰問しました。施設内の教会では百人以上の受刑者が待っていましたが、その人たちに会うには、十六か所もの検問所を通らねばなりませんでした。その一か所で、タイ（ベトナム語で先生の意）の法話を録音するために私が持っていた小型テープレコーダーを、刑務官が没収しました。私は、「先生もお年なので、法話はひとつも逃したくないのです」と説明し、取り上げられないよう必死で抵抗しました。三十分後、テープレコーダーは返却され、私たちは会場に向かいました。ふたを開けてみれば、刑務所側で用意した録音機器は作動せず、私が持って行ったその小さなテープレコーダーがあったので、その日タイが受刑者に説いた法話の書き起こしを本書にして、みなさんに読んでいただけることになったのです。

そのとき、タイが受刑者に話した教えのひとつは、今この瞬間にいかにしてマインドフルに喜びを感じながら食べるか、自分のまわりの人やものに気づきながら食べるか、ということでした。やがてランチタイムになり、私たちも一緒にテーブルにつくと、受刑者の方たちはかきこむようにすぐ食べてしまいました。習慣のエネルギーは、それは強いものでした。ようやくタイの食事を並べたときには、大半の人はもう食べ終わっていたのです！　これではタイの「マインドフルに食べる」という教えは理解されなかったのではないかと、私は心配になりました。しかし私たちが食べはじめると、気づきの心をもって食事を味わう様子を、彼らは見つめだしました。タイが食べものを口に運ぶひと口ごとに気づきと喜びがあることを、彼らは見てとりました。そして私たちが親しみを込めて彼らを時折見やっていることにも気がつきました。このようにタイが身をもって教えを説くのを目の当たりにした彼らは、これからはもっとマインドフルに食事を味わうことができるのではないでしょうか。

その日の遅くになってから、三十年間服役しているという人が私のところに来ました。「世界に安らぎと喜びをもたらすために、俺はどうしたらいいんですか」と尋ねるのです。彼の眼をのぞき込むと、とても真剣であることがわかりました。

私は彼と向き合い、微笑んで、「まわりの人たちにしてあげられる一番良いことのひとつは、あなた自身のありかたですよ」と言いました。「世界のためになることをするのに、ポケットにお金が入っている必要もなければ、出所するまで待つこともありません。一日のうちの今この瞬間に、安らかで平和な気持ちであること。何をするのにも気づきをもってマインドフルに行うこと。そうすればあなたからは安らぎが輝きだして、それがまわりの人たちにも影響を与えるはずですよ」

「たぶん、あなたに対して攻撃的な態度をとる受刑者や刑務官もいるかもしれませんね。でもそのような人たちにも、慈悲――愛とやさしさ――をもって接し、おだやかに微笑むことだってできます。そうすればその人はあなたから大切なものを受け取ることでしょう。あなたに苦しみを与えている人の抱える痛みを理解し、その人に対する怒りや恨みを手放すことを選ぶならば、許しはおのずと訪れます。そこに慈悲があるからです。必要なときには毅然とした態度をとって強くなってもかまいません。ただ、あなたのやさしさと美しさは決して失わないでください」

このような実践は、サンガ（実践する仲間の共同体）の支えなしには容易でないことはわかっています。そこで私は彼に提案してみました。「ここで小さなサンガを作ってみてはいかがでしょうか。今日タイが教えられた実践について、二、三人の仲間で集まって話し合うところから始められますよ。礼拝の時間に行うことはできますか?」

それを聞いた彼の眼は輝きはじめました。そして、「そんなふうに口で言うほど簡単なことじゃないと思います」と答えてから、こう付け加えました。「でも、できるかもしれません」

その日一日、受刑者の方たちはタイの教えにとても興味をもち、たくさんの質問をしました。四人である彼らに与えられた答えと教えは、私たち一人ひとりにも通じうるものだと確信しています。——刑務所の塀の内にいても、外にいても。

二〇〇二年三月三日

シスター・チャン・コン(釈尼真空嚴)

ぬくもり

みなさん、私はベトナム戦争のときにこんな詩を作りました。ベトナムにベン・トレという町があり、アメリカ空軍に爆撃されたのですが、その町はここにいるシスター・チャン・コンの故郷です。そこにゲリラが五、六人いたという理由で、米軍は町全体を破壊しました。後になって一人の将校が、「ベン・トレを共産主義から救うために、爆撃し破壊しなくてはならなかった」という声明を出しました。次の詩は怒りについてです。

この顔を　両手で覆う
いいや　泣いているのではない
この顔を　両手で包みこみ
さみしさを　あたためているのだ
両手が　護っている
両手が　養っている
両手が　防いでいる

私の魂が
怒りに連れ去られないように*

私はひどく怒っていました。その怒りは私一人のものではなく、国家全体の怒りでした。怒りというのは、自分とともにまわりの人たちも苦しめるようなエネルギーです。でも僧侶である私は怒ったとき、その怒りをうまく扱う修行をしています。私の怒りのためにだれかを苦しめたり、自らを破壊させたりするようなことはしません。みなさんも自分の怒りの扱い方を身につけ、安堵できるならば、喜びと幸せに満ちて生きることができます。

*――このチャンティング（詠唱）は、Drops of Emptiness (Boulder, Colorado: Sounds True, 1997) として、テープやCDで入手できる。

解放の力

怒りをうまく扱うためには、まず意識を呼吸に向けて、心を深く見つめます。すると、そこに怒りというエネルギーがあることがすぐにわかります。怒りの世話をするためにはもう一つのエネルギーが必要です。そのエネルギーが出てくるように招いて、なすべき仕事をしてもらいましょう。この二つ目のエネルギーがマインドフルネスと呼ばれるものです。マインドフルネスの種は、私たち一人ひとりの中に眠っています。種に触れる方法を知っていれば、マインドフルネスのエネルギーを呼び出し、それによって怒りのエネルギーを上手に世話できるのです。

マインドフルネスとは、今、起きていることに気づかせてくれるエネルギーです。だれにでもマインドフルの力は備わっていますが、日ごろから実践していれば力は大きくなっていきます。実践していない人にも種はありますが、そのエネルギーはとても弱いものです。マインドフルネスのエネルギーは、三日間も実践すると大きく育っていきます。

どんなことをするにも、マインドフルに行うことができます。コップ一杯の水を飲んでいるとき、その瞬間に水を飲んでいることを自覚し、他に何も考えていないのであれば、マインドフルに水を飲んでいると言えるでしょう。心と体を一つにして、あなたという存在のすべてを水に向ければ、そこには気づきと集中があります。水は、口だけでなくあなたの体と心も使って飲むものです。マインドフルに水を飲む力はどんな人にもあります。私は沙弥（見習い僧）のころからそのように修行してきました。

マインドフルに歩くことも、どこにいてもできることです。歩くときには、他のことは考えずに、歩くという行為に意識を一〇〇パーセント向けて、一歩一歩を感じとりながら歩きます。

この実践はとても効果的です。実践を続けていると一歩ごとに、安定感と、自由と、自信を得ながら歩けるようになります。あなたはあなた自身の主《マスター》なのです。

ある場所からある場所へ移動するとき、私はいつでも歩く瞑想をしています。――わずか一メートルや二メートル弱の距離でもそうしています。階段を昇りながら歩く瞑想をし、降りながらまた歩く瞑想をします。自分の部屋を出てトイレに行くときも歩く瞑想をします。キッチンに行くのも歩く瞑想です。私にとって、マインドフルに歩く以外の歩きかたはないのです。歩く瞑想は私を大いに助けてくれます。変容と癒し、そして喜びがもたらされます。

食事をするときにもマインドフルネスを実践できます。マインドフルに食べると、たくさんの喜びと幸せが得られます。仏教の伝統では、食べることは深遠なる修行とされています。まず、安定して坐り、食べものをよく見ます。次に、気づきをもって微笑みかけます。目の前の食べものは、大地と空を代表する使者としてあなたに手向けられたことに気づきます。一本のさやいんげんを深く見つめれば、そこには雲が浮かんで見えます。太陽の光や雨も見えます。さやいんげんが大地と空の一部であることに気づくのです。

口の中に入れるときは、「これはさやいんげんである」と気づいています。それ以外のもの――悲しみや怖れ――は口の中に入れません。噛むときも、さやいんげんだけを噛みます。――心配事や怒りを噛むのではありません。一〇〇パーセントの自分をもって、よく注意して噛みます。すると私は大地、空、育てた農夫、料理した人につながりを感じます。このようにして食べると、安定感や自由や喜びが育まれ、それらによって身心を養うことができるのです。マインドフルに食事をすることは、体だけでなく心と意識にも精神的な栄養を与えてくれるものです。

自由を育てる

幸福は自由なしにはありえないのですが、自由は他人から与えられるのではなく、自分で育てるものです。みなさんがもっと偉大な自由を手に入れる方法をお教えしましょう。坐ったり、歩いたり、食べたり、外で仕事をしたりする時間を使って、自由を育てるやりかたです。私たちは日々、自由というものを修練しています。

あなたがどこにいて何をしていても、そこに自由があるならば幸福であることでしょう。私には強制労働収容所にいた経験のある友人がたくさんいるのですが、この実践のしかたを知っていたおかげで、彼らは極限まで苦しまずにすみました。それどころか、精神的な生きかたは成長を遂げたのです。私はその友人たちをとても誇りに思っています。

私の言う自由とは、苦痛や怒りや絶望からの自由という意味です。あなたの中に怒りがあるならば、その怒りを変容させて、あなたの自由を取り戻さねばなりません。あなたに絶望があるのなら、そのエネルギーを認識して、それに押しつぶされないようにしなければなりません。絶望のエネルギーを変容させ、あなたが得るべき自由のエネルギーを得られるように実践しましょう。——絶望から自由になるのです。

日常生活のあらゆる場面で、自由になる実践を行うことができます。あなたの歩む一歩が、自由を取り戻すことを助けます。食べるときは自由な人として食べましょう。歩くときは自由な人として歩きます。呼吸するときは自由な人として呼吸します。これらはいつでもどこでもできることです。

あなたがあなたのために自由を育めば、一緒に暮らしている人たちを助けることができます。まったく同じ施設で、物質的には同じ条件で暮らすとしても、マインドフルネスの実践をしていれば、あなたはもっと自由で安定した人になれます。あなたの歩きかたや坐りかた、食べかたを見て、人びとは感心することでしょう。幸福と喜びの力をもつあなたを見て、まわりの人びとも自分もああなりたいと思うでしょう。人がそう願うのは、あなたが怒りや苛立ちや絶望の犠牲者ではなくなり、あなた自身の主になっているからです。仏教の僧侶の修行とは自由になるためのものです。十代で出家したときに、私は師から『自由に歩み入る——沙弥出家者のための手引き』という薄い本を与えられました。

息を吸って吐くことができるのは奇跡です。死の床にある人は自由に呼吸ができません。その人の息はほどなくして完全に止まることでしょう。しかし私は生きています。息を吸いながら、吸う息に気づくことができる。息を吐きながら、吐く息に気づくことができる。吐く息に微笑んで、生きていることに気づく。このようにして、息を吸うときは、その吸う息に気づいていましょう。「息を吸いながら、それが吸う息だと気づいている」。あなたが呼吸を楽しめないように阻《はば》むことはだれにもできません。そして息を吐くときは、その吐く息に気づいています。自由な人として呼吸をするのです。

私にとっては生きていることが奇跡です。あらゆる奇跡の中でもっとも偉大なものです。息を吸って生きていると感じることが、奇跡を起こすことです。――しかも、その奇跡はいつでも起こせます。あなたが生きていると感じて、その一歩を踏み出していると感じることが奇跡なのです。臨済《りんざい》禅師（九世紀）はこう言いました。「奇跡とは水の上ではなく、大地の上を歩くことである」

だれもみな大地の上を歩きますが、なかにはまったく自由がない奴隷であるかのように歩いている人たちもいます。過去や未来に飲み込まれてしまって、命が存在するところの、今ここに生きられていません。日常生活の心配事や絶望、過去の後悔、未来への怖れなどにとらわれると、自由を失ってしまい、今ここに自分を確立することはできなくなります。

奇跡に触れる

私が師と仰ぐブッダによれば、人生は今ここにしかありません。過去はすでに去り、未来はまだ来ていません。私が生きるのはただひとつ——今という瞬間だけです。ですから今この瞬間に戻ってくることで、私は命に深く触れるのです。私の吸う息も命、吐く息も命です。私の歩むこの一歩も命です。吸い込む空気も命です。私は青空や草木に触れて、鳥のさえずりや人の声を聞きます。こうして今ここに戻ってくると、そこにあるたくさんの命のすばらしさに触れることができます。

今のこの瞬間に幸せはないと思っている人は多くいます。だいたいの人はあといくつかの条件がそろわないと自分は幸せになれないと信じています。そうして未来に飲み込まれてしまい、今ここに存在することができず、数多くのすばらしい命を見過ごしています。未来に逃げ込んでばかりいては、生命の不思議には触れられません。今という瞬間に在れば、癒しも、変容も、喜びも可能なのです。

あなたが奇跡

　みかんを食べるとき、瞑想として食べることができます。まずは手のひらにみかんをのせ、気づきをもって見つめてみましょう。ゆっくりと時間をかけてマインドフルにみかんを眺めます。「息を吸いながら、手の中にみかんがある。息を吐きながら、みかんに微笑む」。私にとってみかんは奇跡そのものです。今ここでみかんを見つめるとき、私の心の眼にはこんなふうに映ります。――みかんの木に花が咲き、そこに太陽の光や雨が降り注ぎます。やがて小さな青い実がつきます。みかんの木は時間をかけてその実を大きく育てました。そして今、手の中にあるみかんに微笑みかけます。これは奇跡以外の何ものでもありません。マインドフルに息を吸って吐けば、今この瞬間にしっかりと存在して生きることができます。そのような私自身も奇跡として見つめます。

　受刑者のみなさん、あなたもまた奇跡に他なりません。自分には価値はないと感じるときもあるかもしれませんが、あなたは奇跡以下ではありません。生きて呼吸している――その事実が十分にそれを証明しています。さきほどの一本のさやいんげんには、宇宙ぜんたいが詰まっています。太陽の光、雨、すべての大地、時間、空間、意識が入っています。あなたにだって宇宙がまるごと詰まっているのです。

私たちの細胞の一つひとつの中に、神の国、仏の浄土があります。私たちがどのように生きるべきかを知れば、神の国は今ここで形となってあらわれます。それはたったの一歩で広がります。神の国は死んでから行く場所ではありません。逆に、本当に生きていなければ行くことができないような所です。そして地獄もまた、私たちの細胞の中にあります。どちらを選ぶかは私たち次第です。地獄の種に毎日水をやり続ければ、私たちの生きる一日、二十四時間は地獄そのものになります。神の国の種に水をやり続ければ、日常生活の一瞬一瞬において神の国が現実になります。これは私自身の経験です。

私は神の国を歩かない日はありません。この場所でも、どこか他の場所でも、いつでもマインドフルに歩くことができます。私の足の下にはつねに仏の浄土があります。だれもそれを私から奪うことはできません。神の国は、今ここ以外の場所にはないのです。どこか特定の時間や空間に存在するのではなく、私たちの心の中にあります。ですからあなたもマインドフルな歩きかたを身につけて、奇跡に触れながら、大地を歩んでください。今ここに戻ってくる方法を知っていて、体の細胞一つひとつの中にある神の国に触れる方法がわかっていれば、神の国は今ここですぐさま形となってあらわれてくることでしょう。

自由は今ここに

神の国に触れるには、少しばかりの練習と善き実践仲間が要ります。一歩一歩を味わいながらマインドフルに歩いている人がまわりにいると、自分も同じようにやってみようと、意欲がわいてくるものです。あるとき、フランスにいる一人の受刑者が私に手紙をくれました。彼は私の本を読み、刑務所の中で歩く瞑想を学びました。階段を昇ったり降りたりするときに、いつも一段一段をマインドフルに踏み、十分に味わうそうです。この実践を始めてから、彼の人生は心地よいものになりました。しかし、階段を駆けて上がっては飛び降りていく他の受刑者たちには安定も、落ち着きも、静かさも、喜びもありません。どうか自分の歩む一歩一歩で自らを養い変容できると知ってほしい。彼は、他の受刑者も同じように歩く瞑想を学んでくれることを願っています。

一歩一歩が自信と自由と安定をもたらすよう、自由な人として歩きましょう。そうすれば、心の中には喜びと慈悲が生じることでしょう。また、大半の人はそのように歩いてはおらず、怒りや怖れ、絶望に取りつかれていることにも気がつくはずです。実践をしていると、だれもが今の瞬間に生きられるように、自由な人として坐ったり歩いたりできるように助けたいという気持ちになるかもしれません。一人でも自由な人として坐って歩き、呼吸するならば、その人はまわりの環境全体によい影響を与えることができます。

私は、初めて西洋を訪れたときにはすでにマインドフルネスを実践していました。当時アメリカに来た目的は、私の母国ベトナムで多くの人命が奪われるのをくい止めるためでした。最初は私一人でしたが、行く先々でマインドフルに歩いて呼吸し、その実践方法を具体的に示して見せました。やがてこの地で仲間ができ、どんどん多くの人びとが合流して、ベトナムの惨劇を止めるように私と一緒に声をあげました。今やマインドフルネスを実践する仲間は、世界中に何十万人もいます。日常的に実践している人は、自分の生きかたを深く変えて、慈悲と許しの心を培い、まわりの人びとの苦しみをやわらげることができます。

自由自在に歩く

今朝、私はこの刑務所の中に入り、とてもマインドフルに歩きました。刑務所の敷地内の空気は、敷地の外の空気とまったく同じでした。中から見上げた空は、敷地の外の空と変わりませんでした。目にした花や草も外のものと同じように見えました。一歩ずつ歩くと、刑務所の外で感じたのと同じような落ち着きと健やかさと自由が得られました。マインドフルネスを実践して落ち着きと自由を得ようとするのを阻むものは何ひとつありません。

では、息を吸いながら二、三歩ほど歩き、愛する人の名前を呼んでみましょう。あなたにとって新鮮で、慈しみや愛の感覚、感情を与えてくれるだれかの名です。踏み出す一歩ごとにその名前を呼びます。仮にデービッドという名前にします。私は息を吸いながら二歩ほど歩いて、心の中で静かに「デービッド、デービッド」と呼びます。その名前を呼べば、彼は私と一緒にいてくれます。私が安らぎと自由に満ちて歩けば、デービッドもそのように歩くことができます。息を吐きながらさらに二歩ほど歩き、「私はここにいる、ここにいる」と言います。こうすれば、デービッドが私のためにいてくれるのと同時に、私も彼のためにいてあげることができます。「デービッド、デービッド。私はここにいる、私はここにいる」。呼吸に意識を向けて歩くことに完全に集中しているとき、他の思考は湧き上がってきません。

同じようにして、大地を呼ぶこともできます。「大地よ、大地。私はここにいる、ここにいる」。大地は私たちの母であり、つねに私たちとともにあります。大地は私たちを生み出して命を与えました。大地は私たちを受け取っては戻し、受け取っては戻して、その営みを果てしなく繰り返していくことでしょう。「大地よ」と呼ぶとき、私は自らの存在の根源となる意識を呼んでいるのです。こんな実践を数週間、数か月とやっていくと心の状態はかなりよくなってきます。

これは、私たちの中にある元気や治癒力というすばらしい要素に触れるための実践です。日常生活でマインドフルにしていないと、体や意識の中に有害な要素が入り込むのを許してしまいがちになります。ブッダは、食べものなしには何ものも生きられないとおっしゃいました。喜びもまた、栄養源なしには生き続けられません。悲しみや絶望にしても同じことです。

あなたが絶望感を抱えているのは、絶望が生き続けられるような食べものを与えているからです。ブッダは、落ち込んでいるときはその本性を深く見きわめて、自分がどんな食べものを与えてそれを生かしているのか突き止めなさい、と助言されました。栄養分を突き止めることができたなら、それを断ち切ればいいのです。そうすれば落ち込んでも一、二週間すれば元気を取り戻すことでしょう。

ふだんからマインドフルでないと、私たちのまわりにあふれている有害なものを、テレビで見たり聞いたり、雑誌で読んだりしてしまい、心の中の怒りや絶望に餌を与えることになります。現代人は日々、数多くの毒素を無意識に消費しています。そのような毒を取り込むのを止め、代わりに自分の中とまわりにあるすばらしいもの、活き活きとした気持ちにさせてくれるもの、癒しになるものに触れることを選びましょう。これがマインドフルな生きかたです。

すばらしいこの瞬間

ここで、みなさんに紹介したい呼吸法があります。辛いときにこれをやってみれば、きっと心が落ち着くことでしょう。

息を吸いながら　息を吸っていると気づく
息を吐きながら　息を吐いていると気づく

息を吸いながら　深まる息に気づく
息を吐きながら　ゆっくりする息に気づく

息を吸いながら　心は穏やか
息を吐きながら　心は安らぐ

息を吸いながら　微笑む

息を吐きながら　手放す

息を吸いながら　今この瞬間にとどまる
息を吐きながら　すばらしい今を感じる

この句は次のように短くまとめることもできます。

入る　出てゆく
深く　ゆっくり
穏やか　安らぐ　微笑む　手放す
今このとき　すばらしいこのとき

まずは「吸っている、吐いている」を練習します。息を吸いながら、「吸っている」と静かに心の中で言い、息を吸っていることに対する気づきを養います。次に息を吐きながら、「吐いている」と心の中で言い、吐いていることに気づきます。それぞれの言葉は、あなたが今この瞬間に呼吸に戻ってくるためのガイド役を務めています。心が落ち着いてくるまで、「吸っている、吐いている」と繰り返しましょう。

次に息を吸いながら「深い」、吐きながら「ゆっくり」と心の中で言います。意識して呼吸すると、息はより深くゆっくりになってきて、さらに安らいで心地よくなります。しばらく「深い、ゆっくり」を繰り返し、次の段階に進みたくなったら、今度は「穏やか、安らぐ」に移ります。

「穏やか」とは、あなたの体が穏やかに安らいでいることです。息を吸いながら、体の中に穏やかさを取り込みます。あなたの中に穏やかならぬ感覚や感情があるならば、息を吸いながら、それらを落ち着かせていきます。息を吐きながら、「安らぐ」と言います。それは心身が軽やかでリラックスした状態のことです。そして健やかさほど大切なものはないと実感することでもあります。

「穏やか、安らぐ」が習得できたら、「微笑む、手放す」に進みます。「微笑む」と言いながら息を吸うとき、たとえあまりよい気分でなかったとしても、微笑んでみることはできるはずです。微笑むだけで、喜びと安らぎが緊張を消していきます。次に息を吐きながら「手放す」と心の中で言い、何かの考えごと、怖れ、心配、怒りなど、あなたを苦しめているものすべてを手放していきます。

最後に、「今この瞬間、すばらしいこのとき」に戻ってきます。「息を吸いながら、今この瞬間にとどまる。息を吐きながら、すばらしい今を感じる」。ブッダは「私たちは、今という瞬間にだけ生きることができる」と説かれたことを覚えておいてください。命に深く触れるためには、この瞬間に戻ってこなければならないのです。

呼吸は心と体をつなぐかけ橋のようなものです。日常の生活では、体はここにあっても、心はどこか他の場所——過去や未来の中——に行ってしまっているかもしれません。それは注意散漫な状態です。そんなときに心と体をつなぐのが呼吸です。マインドフルに呼吸しはじめれば、体は心に戻ってきます。そして体と心がひとつになった状態を実感することができ、今ここにしっかりと存在して、活き活きと与えられたこの命を深く生きられるようになります。これは何も難しいことではなく、だれにでもできることです。

微笑む練習

この「息を吸いながら　微笑む」というエクササイズについて、みなさんの中には「私の人生は楽しくもないのに、なんでニコニコしなければならないのですか？」と思う人もいるかもしれませんね。私の答えはこうです。「微笑むことが実践なのです」。あなたの顔には三百種類以上もの筋肉がついています。あなたが怒ったり怖がったりすると、その筋肉は緊張します。

そして緊張した筋肉はこわばった感覚を作ります。でも息を吸って微笑みを作る方法がわかっていれば、その緊張は消えていきます。私はそれを「口《くち》のヨガ」と呼んでいます。微笑む練習を習慣化してみてください。ただ息を吸いながら微笑むだけで、緊張が解けて、ずっと気分がよくなります。

嬉しいときは、自然と微笑みがこぼれるでしょう。でも反対に、自分から微笑んでみることでリラックスし、穏やかに落ち着いて、喜びを感じることもできます。私は自分の中に喜びが湧いてくるまで待たずに、まず微笑みます。喜びは後からついてくるはずです。ときどき自分の部屋の暗がりの中に一人でいることがあるのですが、そんなときは私自身に微笑むことを実践しています。自分に対してやさしくなれるように、自分自身をよく世話して慈しむためにやっています。自分の世話ができなければ、他のだれも世話できないことを知っているからです。

自分自身に対して慈悲の心をもつのは、とても大事な実践です。疲れていたり、怒っていたり、絶望を感じたりしているときは、あなた自身のもとに戻って、その疲れや怒りや絶望を世話してあげましょう。微笑むことも、マインドフルに歩いて呼吸し食べることも、そのための実践です。

感謝の力

アメリカにはあらゆる種類の食べものがあふれていますが、食べる時間はあまりないようですね。食べることは楽しいものでもありますが、健康を維持するためにはたくさん食べなくていいのです。

私はお箸を使って食べるときも、フォークを使うときでも、食べものを取り上げるときは、その食べものをよく見つめます。食べものを確かめる時間は一秒もあれば十分です。私が本当に今ここに存在しているならば、にんじんでも、さやいんげんでも、パンでも、それが何であるのか、すぐ気づきます。私は食べものに微笑んでから、口の中に入れます。そして何を食べているのか、完全に気づいている状態で嚙んでいきます。マインドフルネスには常に対象物があり、何かに対してマインドフルであるのです。食べものを嚙むとき、同時に生命力や喜びや安心感を味わうこともできます。二十分ほどかけてゆっくりと食べると、体だけではなく、心も精神的な栄養素で満たされるのを感じるでしょう。これはとても深い実践です。

プラムヴィレッジでは、食事はみんなそろって時間をかけていただきます。みんなで姿勢を正して座り、全員が席に着くのを待ってから一緒に食べはじめます。マインドフルに食べる仲間たちに囲まれて食べると、お互いに実践を支え合うことができます。毎回食事の前には、次の「食前の五つの祈り」を唱えます。

食前の五つの祈り

食前の五つの祈り

この食べものは、宇宙全体、地球、空、
数えきれないほどの生きものたち、
多くの努力と愛ある働きによってもたらされた恵みです。

この食べものを受けるにふさわしいよう、
マインドフルに感謝して食べ、生きることができますように。

貪りなどの不健全な心の働きに気づき、
変容させていくことができますように。

命あるものの苦しみをやわらげ、
気候の変動に力を貸すことを止め、地球を癒し、
そして守るような食べかたを実践し、
慈悲の心を生かすことができますように。

健全なコミュニティをつくり、友情を深め、
いのちあるものの役に立てるように、この食べものをいただきます。*

*——『今このとき、すばらしいこのとき』島田啓介訳（サンガ、二〇一六年）一四八—一四九頁参照。

一つ目の祈りでは、私たちの食べものが直接、大地や空からもたらされていることに気づきます。食べものは天地の恵みであり、料理した人たちの努力と働きの賜物《たまもの》です。

二つ目の祈りは、私たちがその食べものをいただくのに値するように願うことです。マインドフルに、食べものの存在に気づいて、感謝の気持ちをもって食べるようにします。たとえば、このいんげんを見てみましょう。天地は何か月もかけて一本のいんげんを育てました。それを

見ても命の不思議がわからないとなると残念です。マインドフルネスのエネルギーは食べもののすばらしさを、食べながら理解できるように助けてくれます。怖れや怒り、過去への後悔や未来への不安に心がとらわれないようにいただきます。私たちは食べもののためにここに在り、その食べものは私たちのためにここに在ります。気づきの心をもって食べるならば、大地と空に報いることでしょう。

三つ目の祈りは、自分の中のネガティブな傾向に気づき、そちらに引きずられないようにすることです。節度をもって食べる方法を学び、適切な量を食べるようにしなければなりません。プラムヴィレッジでは、各自お椀をひとつずつ持ち、そこに食べものを入れて食べます。こうすると自分で食べものを取るたびに、本当はどれぐらいがちょうどよい量なのかがわかるのです。出家者の使うお椀は応量器《おうりようき》と呼ばれ、適切な量を測る道具と見なされています。食べすぎないことがとても大切です。ゆっくりと食べて、注意してよく噛めば、たっぷりと栄養をとることができます。適正な量の食事は、健康の維持に役立ちます。

四つ目の祈りは、食べものの質について取り上げています。ここでは、自分の体と意識に害を与えないものだけを摂取することを決意します。健康を保ち、慈悲の心を育むようなものだけを食べ、体内に入ると毒になるもの、慈悲が損なわれるようなものは食べないと誓います。これこそがマインドフルな食べかたです。ブッダは「あなたの中の慈悲を壊すような食べかたをするのは、あなたの息子や娘の肉を喰らうようなものだ」と説かれました。あなたの中の慈悲心を生かし続けるような食べかたをしましょう。

五つ目の祈りでは、食べものを受け取るのは何かを実現するためであることに気づきます。人生には意味があるべきです。その意味とは、人びとの苦しみが減るように、人びとが命の喜びに触れるように助けることにあります。自分の心に慈悲があることを知り、人びとの苦しみを軽くするように助けることができると気づくとき、人生はもっと意味のあるものになりはじめます。そしてそのような意味そのものもまた、私たちの大切な食べものなのです。

たった一人でも多くの生命を助けることができます。私の同僚であるシスター・チャン・コンは、長年、貧しい人たちや飢えた人たち、孤児たちにかかわって何千人も助けてきました。彼女の働きのおかげで、その人たちの苦しみは軽くなりました。彼女はこのことで大きな喜びを受け、生きる意味を得ました。このことはどんなときでも、どんな場所でも、私たちみんなに通じる真理ではないでしょうか。だれかの苦しみを軽くする言葉を二つ三つかけるだけのことも、声をかける人にとって生きる意味になることがあります。そのような言葉かけは、どこでもできることでもあります。

あなたの人生に十分な意味があるとき、幸福は現実のものとなり、あなたは今ここで菩薩になります。菩薩とは、自分の中に慈悲を蓄え、他の人を笑顔にしたり、苦しみをやわらげたりするような存在です。菩薩になれる力はだれにでもあります。

慈悲は解放の鍵

日常生活のあらゆる瞬間を実践の場にできます。マインドフルに呼吸したり微笑んだりすることは、食事を待っているときも、順番待ちで列に並んでいるときもできます。どんなときでもマインドフルに呼吸して微笑むことができるのです。日常の中の一瞬たりとも無駄にしないでください。一つひとつの瞬間が、あなたの安定感、安らぎ、喜びを育てるチャンスです。実践しはじめて数日もたてば、あなたのまわりの人があなたという存在から恩恵を得はじめていることがわかるでしょう。そのようなあなたの存在は聖人や菩薩になりうるのです。それは可能なことなのです。

私が七歳だったとき、ブッダの過去世について書かれた『ジャータカ物語』という説話集を読みました。ブッダは「目覚めた人」になる前の過去生のひとつでは、地獄に生まれていました。地獄の囚人たちを見張る番人には、慈悲がないようでした。大きな三つ叉の槍を持ち、だれかが何かしくじるたびに剣先を胸に突き刺します。しかし囚人たちは、このような扱いを受けてひどく苦しんでも死ぬことができないのです。それが彼らの罰でした。

ある日、囚人たちは重い荷物を背負って運ぶことを強いられていました。番人は手に槍を持ち、「もっと早く進め!」と押しはじめました。のちにブッダとなるその人は、ついて行けなくなった囚人の一人が、番人に目をつけられて脅されている様子を目にしました。そのとき彼の中に何かが生まれました。地獄の番人が自分に目をつけるとわかっていても、間に割って入り、立ち向かおうという勇気が生まれたのです。もし介入したことで死ぬことになるのなら、喜んで死んだことでしょう。けれども彼に与えられる罰は死ぬことではなく、さらなる苦しみが続くことでした。それでも彼は勇気をふるって番人に近づき、こう言いました。「お前には心がないのか。あいつに運ぶ時間も与えてやれないのか」。これを聞いた番人は、彼の胸に槍を突き刺しました。その途端に彼は死んで、人間として生まれ変わりました。

仲間の囚人のためとはいえ、番人に面と向かって立ち上がるのは勇気のいることでした。でも不正義が行われているのを見た彼には、たいそう苦しんだ末に慈悲が生まれました。間に割って入ったのは、慈悲から生じた行為でした。だからこそ、その場ですぐに死んで人間として生まれ変わったのです。そのときから彼は修行を始めて、やがて完全な悟りを得たブッダになるまで続けました。ブッダのような方でさえも、過去世のひとつではこれ以上ないほどの苦しみを経験していたのです。そうして心の中に慈悲が生まれたおかげで、そのような状況から自らを解放できたのです。

私自身も多くの苦しみを抱えながら生きてきました。一番つらい状況にいるときに、そこから私たちを自由にするものは、慈悲であると言うことができます。以前、私は仲間とともにタイ湾に船を出し、ボートで逃げてきた難民を救出しようとしたことがありました。海上には海賊がたくさんいて、とても危険な作業になる可能性がありました。それでも私たちは自分たちを守る最良のものは慈悲と非暴力だと信じて、難民を助けている間も決して銃を持ちませんでした。持っていたのは慈悲の心だけでした。私が従っている教えと修行法では、慈悲こそが最善の自己防衛だとされているのです。

仏教では、観自在菩薩という、深い慈悲を持ち、深く聴くことができる菩薩がいます。観自在菩薩は、女性、男性、子ども、政治家、奴隷などの姿になってあらわれるのですが、主な特徴はどの姿も常に同じです。——心に慈悲があります。あるとき観自在菩薩は、恐ろしい形相の餓鬼となってあらわれました。他の餓鬼を救わんがためにそのような姿をしていたのですが、本当は慈悲に満ちた存在でした。私たちは心の中に慈悲と理解があっても、攻撃されるのを怖れて、自分を守るために強がったり残忍なふりをしたりします。慈悲がないと自分の苦しみはますます増大し、まわりの人たちをも苦しめます。けれども慈悲があれば、他の生きとし生けるものにつながり、そのものたちの苦しみが少なくなるように助けることができます。

もしもあなたが慈悲のエネルギーによって生かされているなら、あなたはもっとも安全な環境で生きていると言えます。あなたの瞳、振る舞い、反応のしかた、歩きかた、座りかた、食べかた、人とのかかわりかたには、慈悲があらわれていることでしょう。それが最高の自己防衛なのです。そのような慈悲には感染力があります。

慈悲にあふれた人の近くに身を置くのはいいことです。あなたの心に慈悲があれば、友だちが一人、二人とすぐにできることでしょう。だれもが慈悲と愛を必要としています。二人の人たちの間に慈悲があるならば、お互いを守り合って、さらにそのまわりの人たちまで守ることができます。

私たちの実践のひとつは、日常生活の中で慈悲の心を育てることです。慈悲の実践では、まず一人の人に心を開き、また次の一人、もう一人、と心を開いていきます。慈悲の心に満ちていれば、どこにいても心地よく生きることができるようになります。私たちの心と体が喜びに満ちていれば、今ここで、まわりの人たちとともに安らぎと喜びを見つけられるでしょう。

理解は慈悲のもと

慈悲の織物を織るには、理解という素材が必要です。ここでいう理解は、何に対する理解でしょうか。それは、他の人も苦しんでいることへの理解です。私たちは苦しんでいると、自分は他人の犠牲者であり、苦しんでいるのは自分だけだと信じる傾向があります。でもそれは事実ではありません。相手も苦しんでいます。その人にはその人の困難や怖れや心配事があります。その人が内に抱える痛みに共感できて初めて、その人を理解できていると言えます。そしてひとたび理解が生じれば、慈悲をもつこともできます。

みなさんには、他の人が今どんな状態にあるかを深く見つめる時間がちゃんとありますか？その人はあなたと同じ受刑者かもしれませんし、あるいは刑務官かもしれません。よく観てみれば、その人の中にもたくさんの苦しみがあることが見てとれるでしょう。その人は苦しみの扱いかたを知らないのかもしれません。それで苦しみが大きくなることを許してしまい、自分とまわりの人を苦しめているのかもしれません。このような目覚めやマインドフルネスによって、あなたは理解することを始めます。その理解によって慈悲が湧き起こります。あなたの中に慈悲があれば苦しみはずっと少なくなり、他の人の苦しみが軽くなるように何かしよう――あるいはしないでおこう――という気持ちになります。あなたのまなざしや微笑みが、他の人の苦しみを軽くし、彼らは慈悲の力を信じられるようになるでしょう。

これは慈悲を育てる実践だと言えます。理解することなしに慈悲をもつのは不可能です。深く観る時間があるときにだけ、理解することが可能になります。私の暮らす僧院には、深く観るための時間がたっぷりあります。刑務所でも深く観ることをやってみる時間と機会はあるでしょう。そのような実践をするにはとても適した環境ですから、解放に必要な要素である慈悲が育つのではないでしょうか。もし受刑者のみなさんのうちの一人、あるいは十人、二十人が、慈悲の眼をもって観るように実践するならば、この刑務所をまたたく間に変えることができるでしょう。他でもないこの場所に楽園《パラダイス》をもたらすことができます。

私にとって楽園とは、慈悲のある場所のことです。あなたの心の中に慈悲があるなら、息を吸って吐き、深く観るだけで、おのずと理解は生じてくるでしょう。まずは自分自身をよく理解して、自分への思いやりを深めます。すると自分の苦しみの扱いかたと、自分の世話のしかたがわかるようになるのです。そうなると今度は、他の人たちもそのように生きられるよう、手助けができるようになり、あなたと他の人の間には慈悲が生まれてきます。そうしてあなたはまわりに慈悲をもたらして地獄を神の国に変える菩薩という覚者になります。神の国は「今ここ」以外のどこにも存在しません。これは本当のことです。受刑者のみなさんは、多くの人たちよりも実践の機会がさらにあるかもしれませんね。どう思いますか？

心の嵐を乗り越える

嵐はやって来るとしばらくそこにとどまり、やがて去っていきます。感情もそのようなものです。やって来たら少しそこにいて、また去っていきます。感情は、ただの感情でしかありません。私たちは感情よりもずっと大きな存在です。たったひとつの感情のために命を落とす必要はありません。あなたの中で激しい感情が起こりはじめていると気づいたら、意図的に座るか、または横になって寝るなど安定した姿勢をとり、おなかに意識をもっていくことがとても重要です。頭は嵐の中に不安定に揺れる木の頂上《てっぺん》ですから、そこから意識を安定している木の根元であるおなかのほうに降ろしていきます。

意識がおなかに降りてきたら、丹田というおなかの少し下の部分を意識して、マインドフルに呼吸をします。息を深く吸いながら、おなかがふくらみ、深く吐きながら、おなかがへこむのを感じます。十分、十五分、二十分とたてば、嵐にもちこたえる強さがあなたの中にあることがわかるでしょう。しばらくそのままの姿勢で、自分の呼吸から離れないでいましょう。荒れた大海にいる人が救命具を離さずにつかまえているようなイメージです。しばらくすると、その感情は通り過ぎていくことでしょう。

これはとても効果のある実践方法ですが、ひとつだけ覚えておいてほしいことがあります。強い感情が起こるまで実践するのを待たないでください。そういう状態になったらやろうと思って待っていると、実践のしかたを忘れてしまいます。強い感情を抱え込んでいない、心が穏やかなときこそ、実践を身につける最適のチャンスです。毎日十分間ほど練習しましょう。

座って、息を吸って吐きながら、意識をおなかにもっていきます。だいたい三週間――二十一日間――続けると習慣化されます。すると、怒りが込み上げてきたり、絶望に打ちのめされそうになったときに、おのずとこの実践が思い出されるようになります。一度上手にできれば、この実践に信頼がもてるようになります。その感情に対して、「またやって来ても大丈夫。乗り越えかたを知っているから」と言えるようになります。何をすべきかをわかっていますから、もう怖れることはなくなります。

繰り返し実践を続けてください。実践が習慣になると、やっていないと何かもの足りなく感じるはずです。その感覚があなたに健やかさと安定感を与えます。健康にも良い効果があるでしょう。あなたが自分に授けられる最高のお守りです。私はマインドフルネスのエネルギーはブッダのエネルギーであり、神のエネルギー、聖霊のエネルギーだと思っています。私たちの中にあって、いつでも私たちを守ってくれています。マインドフルネスの種に触れて、気づきをもって呼吸するたびに、神やブッダのエネルギーがそこにあらわれ、私たちを守ってくれるのです。

この実践方法を身につけたら、ぜひ友人や親せきや自分の子どもたちにも、やりかたを教えてあげてください。私は子どもたちと一緒に実践する母親たちを知っています。子どもの手を握り、こんなふうに言うのです。「さあ○○ちゃん、お母さんと一緒に息をしようね。息が入ってくると、おなかがふくらむよ。息が出ていくと、おなかがへこんでいくよ」。こんなふうにして、子どもの感情がおさまるまで、子どもと一緒に呼吸しながら誘導します。

この実践を通して、心身を安定させるエネルギーを生み出せます。他の人の手を握って、あなたの安定感を授けることもできます。台風の目に入ってしまったような状態の人をそこから救い出し、命を助けることもできるかもしれません。あまりにも多くの若者たちが自分の感情の扱いかたを知らないため、自殺者は膨大な数にのぼっています。この実践はとてもシンプルですが、本当に大切なものです。

習慣のエネルギーに微笑む

私たちはだれもみな、習慣のエネルギー（習気《じっけ》）と呼ばれる強いエネルギーをもっています。サンスクリット語で、ヴァサナと言います。だれにでもあるこのエネルギーは、私たちが言いたくないことを言い、やりたくないことをやってしまうように仕向けます。習慣のエネルギーは自分にも他との関係性にもダメージを与えます。そんなことを言ったら苦しむことになると頭ではわかっているのに、また口にしてしまい、後悔するのです。「もう二度と、あんなことは言わないようにしよう」と心に誓っても、またその状況になると同じことを繰り返してしまいます。それが習慣のエネルギーというものです。その中には、親や先祖から受け継いだものもあるかもしれません。

習慣のエネルギーがあらわれたとき、マインドフルに呼吸をしていれば、すぐ認識できるようになります。このエネルギーと闘う必要はありません。ただ自分のものであることに気づいて微笑みかけるだけでいいのです。「こんにちは、習慣のエネルギーさん。またあらわれましたね。でも私に対しては何もできませんよ」。こんなふうに微笑んで自由になります。これはあなたを守るためのすばらしい実践です。マインドフルネスは私たちを守ってくれる神やブッダのエネルギーだと言ったのはそういうわけです。

マインドフルネスのエネルギーをうまく使いこなせるようになるためには、毎日、マインドフルな呼吸や歩き方を実践することが非常に大事です。習慣のエネルギーがあらわれてきたら、呼吸を続けながら、そのエネルギーがあることを認めてこう言いましょう。「こんにちわ、私の習慣のエネルギー。そこにいるのはわかっています。でも私は自由です。もうあんなことを無理やり言わせたり、させたりはできませんよ」。こうしてあなたは今までとは違う反応のしかたを身につけます。つまり、わるい癖を、よい癖に置き換えていくのです。

幸福であるためには他との関係性が肝心ですが、習慣のエネルギーのせいで自分自身や他者をひどく扱ってしまうことがあります。自分自身に対して、もっと敬意をもち、やさしさと思いやりをもって扱うべきです。これは大事なことです。自分の体と心に十分な敬意をもって接することができてはじめて、他に対しても同じように敬意をもって接することができます。それこそがこの世界に平和と自由と幸福を作り出していく方法であり、ほんの少しトレーニングさえすればだれにでもできることなのです。一緒にトレーニングできる友だちをもてるならば、それはとても幸運なことです。——二人でマインドフルに歩き、呼吸し、食べる。そのようにマインドフルネスのエネルギーを育てる実践を通して、お互いを支え合うことができます。

日常生活のあらゆる瞬間において、マインドフルネス、つまり聖霊やブッダのエネルギーを養うことができます。ブッダのエネルギーがあるところには理解と許しと慈悲があります。マインドフルネスのエネルギーにもこれと同じ性質があります。そのエネルギーの使いかたさえわかれば、あなたはしっかりと今ここに存在して、真の命を生きることができ、理解力も深まります。あなたに理解があれば慈悲をもてるようになり、それがすべてを変えていくでしょう。

Q&A

それでは、日常のマインドフルネスの実践について、みなさんから質問があれば、お答えしていきましょう。

Q……あなたは怒ったことがありますか？　最後に怒ったのはいつですか？

A……私も人間ですから、心の中に怒りの種はあります。でも実践のおかげで、自分の怒りをうまく扱うことができます。怒りが生じたらどうすればよいかを知っています。私は聖者ではありませんが、実践のやりかたを知っていますから、もはや自分の怒りの犠牲になることはありません。

Q……実践が成功するまでに、どのくらい時間がかかりますか？

A……時間の問題ではありません。正しいやりかたで楽しみながらやれば、早く成功できるでしょう。反対に、たくさんの時間をかけても正しく行わなければ、少しもできるようにならないかもしれません。それはマインドフルな呼吸と同じようなことです。正しいやりかたで実践すれば、最初の吸う息ひとつで安らぎと喜びを得られますが、正しくやらないと三、四時間続けても求める効果はあらわれません。もし上手に実践できている仲間がまわりにいれば、あなたの助けと支えになるでしょう。

もちろん一人でも実践できます。息を吸うときは、ごく自然に呼吸しながら、吸う息にフォーカスします。息を吐くときもごく普通にします。ただ吐く息に気づいているだけで、呼吸をどうこうしようとはしません。力を入れないで、楽に呼吸をしてください。わずか十五秒、二十秒でもそのように呼吸をしていれば心地よく呼吸ができるようになり、息を吸って吐くことに喜びを感じはじめることでしょう。

以前、カナダのモントリオールでリトリートを行ったことがあります。歩く瞑想のセッションが終わると、一人の女性が私のところにやって来て尋ねました。「先生、歩く瞑想の実践を他の人と分かち合ってもよろしいでしょうか？」彼女はカナダにやって来てから七年間ほどたっていたのですが、リトリートの歩く瞑想のセッションでこの歩きかたを一回だけ体験しました。それまで彼女はそんなに落ち着いて、安らいで歩いたことはなかったのです。とても癒されてリフレッシュした彼女は、マインドフルな歩きかたの実践を友だちと共有したいと思ったわけです。私は「もちろんです」と答えました。人は一時間ほど歩く瞑想をしただけでも安らぎと喜びを見つけられることを、彼女が証明しています。時間で測るべきものではないのです。呼吸でも、歩行でも、食事や仕事でも、効果がすぐに感じられて、楽しく実践できているのなら、そのマインドフルな実践は正しいと言えます。

Q……実践には、どのぐらい時間を使うべきですか?

A……私が提唱する瞑想はいつでも行うことができます。ある場所からある場所に移動するとき、マインドフルな歩きかたのテクニックを応用してみましょう。作業するときは、マインドフルな作業のしかたを実践します。昼食はマインドフルにいただきます。特に時間を設定して実践する必要はありません。一日のうち、どの時間でも実践できます。

ただ、もし状況が許すならば、たとえば十五分早く起きて坐る瞑想を楽しむなど、何かひとつの実践を行う時間を作ってみるのもよいでしょう。寝る前に――もしくは消灯後でも――ベッドの上に坐って、十五分間マインドフルに呼吸することができます。刑務所では集団行動をとらなければいけないこともありますから、自分のやりたいことをする時間は確保できないかも知れませんね。だから、あなたが時間の使い方をどれだけ工夫できるかにかかっています。覚えておいてほしいのは、実践はいつでもできるということです。トイレで用を足すときも、床を清掃するときもできます。

床を磨くときは、自由な人として磨くこともできますし、奴隷として磨くこともできます。それはあなた次第です。刑務所では各自やらねばならないことがありますが、自由な人としてやることができます。あなたの自由を育てましょう。そうすれば大きな自信がついて、それをみんなが感じることでしょう。実践があれば、あなたはどんな状況にいても真に自由なのです。

みなさんに提案があります。毎回トイレに行くときに——排便、排尿、手洗いをするたびに、その行為に一〇〇パーセント投入してください。考え事をすべて止め、ただただ楽しんでみてください。とても心地よいものになるかもしれませんよ。数週間もたてば、きっとこの実践のすばらしい効果がわかるでしょう。

Q……マインドフルネスの定義を教えてください。また、実践を邪魔するものがたくさんありますが、どうしたら実践できますか？

A……ベトナム語ではマインドフルネスを正念《チャン・ニエム》と言います。本当に「今」に「心」がある、という意味です。食べるときは食べていることを知り、歩くときは歩いていることを知っているることです。正念の反対は失念です。食事をしていても上の空で食べていることを忘れている状態です。今ここで起こっていることに意識を戻すことで、私たちは蘇り、今ここにある心地よさと喜びを味わえます。みかんを食べるという素朴な行為も、気づきをもって味わえば、心配事や怒りや絶望感にとらわれて食べるよりも、千倍もすばらしいものになるでしょう。マインドフルネスとは、そこにある対象が何であれ、それとともにあなたがあますところなく存在できるように助けるエネルギーです。

あなたのまわりで物音がしたとしましょう。その音はマインドフルネスの対象にすることができます。「息を吸いながら、たくさんの雑音が聞こえる。息を吐きながら、この雑音に微笑む。この雑音を立てる人たちは必ずしも安らかでないことを知り、その人たちに慈悲の心をもつ」。マインドフルに呼吸をしながら、あなたのまわりの苦しみをその対象として実践すれば、あなたの中には理解と慈悲が湧いてくることでしょう。

あるリトリートで、一人の女性が苦情を言ったことがありました。同室の人のいびきがうるさくて眠れなかったというのです。寝袋を持ってホールに移動して寝ようとしたそのときに、彼女は私が教えたことを急に思い出し、部屋に残ることに決めました。慈悲の心が生じるように、いびきの音を使ってマインドフルに実践したのです。「息を吸いながら、私はいびきに気づいている。息を吐きながら、いびきの音に微笑む」。十分後、彼女はぐっすり寝つきました。それは彼女にとって素敵な発見でした。

Q……許しについて、もう少し教えてください。

A……許しは、理解することによって実る果実です。私たちにはだれかを許したくても許せないことがあります。許したいという善意はあっても、恨みや苦しみもまだそこにあるからです。私にとって許すということは、深く観ることを実践して理解したことの結果です。

一九七〇年代から八〇年代にかけて、私たちはフランスのパリに事務所を構えていました。ある朝、私はそこでとてもつらい知らせを受け取りました。難民ボートに乗ってベトナムを出た十一歳の少女が海賊に強姦された、という手紙でした。父親はあいだに割って入ろうとして、海に投げ捨てられました。少女はその後を追って海に飛び込んで溺れました。私は怒りました。人間として怒る権利はありますが、修行者には実践をやめる権利はありません。

私は朝ごはんを食べられませんでした。その知らせがあまりにも重かったのです。そこで私は近くの森で歩く瞑想をしました。木々や鳥たち、青い空に触れて、自分を鎮めようとしました。それから坐って瞑想をしました。その瞑想はかなり長く続きました。

瞑想していた私は、タイ国の海沿いで生まれた赤ちゃんとして、自分自身を観ていました。私の父親は貧しい漁師で、母親は教育のない女性でした。私のまわりは貧困に囲まれていました。十四歳になると父親と一緒に漁船で働いて、生活の糧を得なければなりませんでした。それは大変な重労働でした。やがて父親は亡くなり、私は家族を養うために仕事を継ぎました。

ある知り合いの漁師が言いました。「ベトナムから逃げてくるボートピープルには、金や宝石などの財産をたくさん持っている奴らが多いらしい」。「難民ボートの一艘でも捕まえて財産を取ったら、俺たちは金持ちになれるぞ」と、彼は私をそそのかしました。若く貧しい漁師で、教育のなかった私はすっかり惑わされました。そしてある日、私はその漁師にくっついてボートピープルを襲撃しに行ったのです。彼がボートの甲板で女性を強姦するところを見ると、私もやりたい誘惑にかられました。私は辺りを見まわして――警察も危害を加えるものも――何もないことを確認すると、自分に言い聞かせました。「俺だって、たった一度ぐらいなら、やったっていいだろう」。そうして私は少女を犯す海賊になったのです。

さてここで、あなたは銃を持ってそのボートに乗っているとしましょう。もしあなたが私を撃ち殺しても、その行為では私を助けられません。海賊になった私の人生では、私を助けてくれる人は一人もいませんでした。父親からも母親からも、だれからも助けてもらえない人生でした。私は少年時代に教育を受けられずに育ちました。不良の子どもたちと一緒に遊び、大人になって貧しい漁師になったのです。政治家や教育者は一度たりとも助けてくれませんでした。だれからも助けてもらえなかったから、私は海賊になったのです。あなたが私を撃てば、私は死ぬでしょう。

その日の晩になり、私はこのことについてさらに瞑想をしました。再び、自分自身を海賊になった若い漁師として観てみました。すると、タイの海岸地域の一帯ではその晩に数百人もの赤ちゃんが生まれるのが見えました。この子たちが教育を受けて、きちんとした生活を送れるように助ける者がいなければ、二十年後にこのうちの何人かは海賊になるでしょう。もしも漁村の小さな男の子に生まれていたならば、私だって海賊になっていたかもしれない。私はそう理解しはじめました。それがわかったとき、あの海賊に対する私の怒りは溶けていったのです。

私は海賊に対して怒る代わりに哀れみを感じました。そして、あの晩にタイの海岸地域で生まれた子どもたちを助けるために、自分にできることは何でもしようと心に誓ったのです。怒りのエネルギーは、瞑想を通して慈悲のエネルギーに変わりました。このような理解なしには許しは得られません。そして理解することは、深く観ることによって実る果実です。それを私は瞑想と呼んでいます。

Q……仏教の本質は何ですか？　仏教は宗教ですか？　ブッダは神ですか？

A……ブッダはいつも、自分は人間であって、神ではないと諭されました。ブッダは先生です。弟子たちに教えをたくさん残しました。それを経典と言います。今朝、私はみなさんに気づきをもって呼吸する実践方法を教えましたが、これはアーナーパーナサティ・スッタ（呼吸による完全な気づきの教え）という経典が元になっています。その中には、日常生活の中で起きてくる困難なことについて、智慧を得ること、慈悲を養うことなど、十六種類のマインドフルな呼吸のしかたが紹介されています。マインドフルネスの実践については、この他にも、変容と癒しに導く教えがあります。これは祈りではありません。いかにして日常生活の苦しみや困難にかかわるかについて教えている実践用テキストです。

仏教はもともと宗教ではなく、ひとつの生きかたでした。苦しみを変容させて喜びと慈悲を育てる方法について説いた教えが経典です。仏教の僧侶たちは経典の数々を学び、その教えを聞く人が実践手順をはっきりわかるように説明する方法を修めます。

仏教の伝統では三宝《さんぼう》を大切にします。一つ目の宝はブッダ（仏）。理解と愛、変容、癒しの道を発見した人です。二つ目の宝はダルマ（法）。ブッダが教えた変容と癒しの道を経典、解説、修行（実践）の形にしたものです。三つ目の宝はサンガ（僧）。実践を行うコミュニティーです。瞑想と正しい気づきの実践を行う道を歩もうとする男女によって構成されます。

サンガは「共同体」という意味です。そこではみんな、気づきをもって呼吸したり歩いたりすることを実践し、慈悲と理解を育みます。このサンガをよりどころとするのも私たちの実践です。本当のサンガは、真の修練——真のマインドフルネス、理解、慈悲——のある共同体だからです。真のサンガには、真のダルマと真のブッダがあります。あなたが真のサンガに触れているときは、ブッダとダルマにも触れているのです。

サンガがあれば、うまく実践を続けていけることでしょう。あなたが実践していく上で、守り支えてくれる助けになるからです。サンガがないと数か月で放り出してしまうかもしれません。「虎が山を下りて人里に下れば、人につかまり殺される」ということわざがあります。自分のサンガとともにあることができないと、数か月で実践をやめてしまうこともありえます。サンガから与えられる支えと導きはとても重要なものです。

この刑務所内でも四、五人で集まってサンガを作り、気づきをもって歩行や呼吸、食事や作業を毎日実践することもできるでしょう。必要な支えはサンガが与えてくれるはずです。一緒にマインドフルネスの実践をやろうという人たちが四人でも集まれば、そこがサンガの場になるとされています。そのサンガをよりどころとするのはとても大切なことです。サンガとして本当に実践するならば、そこにはブッダとダルマがあるでしょう。

Q……マインドフルネスとは何ですか？　自分たちに何をもたらしてくれますか？

A……先ほども説明しましたが、マインドフルネスは今ここに在るという能力です。今起きていることに意識を向けてみてください。そこにマインドフルネスがあるならば、集中もあるはずです。何かに対してマインドフルな状態を保つことができれば、その何かに対して集中することもできます。あなたのマインドフルネス（念《ねん》）と集中（定《じょう》）が十分であれば、洞察（慧《え》）を得られることでしょう。今ここで起きていることを深く理解できると、間違った認識を手放し、自分を苦しみから解放できるのです。

Q……過去について考えたり、未来の計画を立てたりしてもいいのですか？

A……マインドフルネスは、今という瞬間にあなた自身を確立することです。だからといってさまざまなことを思い返したり、過去から学んだり、未来の計画を立てたりしてはいけないというわけではありません。現在にしっかりと根をおろせば、未来はマインドフルネスの対象になります。そして、そのような未来を実現するには今何をすればよいかを知るために、未来を深く見つめるのです。未来を大事にする一番良い方法は、現在を大切にすることです。なぜならば、未来は現在からできているからです。現在を大切にしてていねいに世話することは、よき未来のためにあなたができる最善策のひとつなのです。

過去の経験を現在にもってきて、それをマインドフルネスの対象にすると、その経験はたくさんのことを教えてくれます。自分が過去の経験の一部になってしまっていたときは、今のようにはっきりと観ることはできなかったでしょう。マインドフルネスを実践すると新たな眼が開くので、過去から多くを学ぶことができます。

Q……呼吸について、もう少し教えてください。

A……呼吸の質は実践とともに向上していきます。息はより深くゆっくりとして、体と意識には心地よさが広がります。ただし、それ以外はすべて同じです。いつもと同じように呼吸し、歩き、坐ることを続ければ、その呼吸、歩行、坐ることの質は良くなっていきます。意識的な呼吸の実践によって、さらなる心地よさや生命力、喜びがもたらされることでしょう。瞑想の実践ではネガティブな効果は出てこないはずです。つまり、安らぎやくつろぎや喜びとは反対のものを経験するようであれば、それはやり方が間違っているということです。瞑想は、今という瞬間の人生の質（ＱＯＬ）を高めてくれます。

Q……西洋では成功することが重んじられていますが、瞑想にも成功はあるのでしょうか？

A……歩く瞑想を例にとって考えてみましょう。一歩一歩を味わいながら、しばらく歩く瞑想をします。私は木や石や雲などを眺めるのが好きですから、目の前にとてもきれいな花を見つけると、歩く瞑想をやめて立ち止まり、その美しさをじっくりと鑑賞します。これはいけないことではありません。歩くことを止めても、楽しみ味わうことは続けています。

瞑想についても同じことが言えます。あなたが吸う息と吐く息を味わっていると、急に何かの考えが浮かんできたりします。そのときにマインドフルな呼吸を続けるか、それともそのままその思考と一緒にいるのか、あなたにはどちらかを選ぶ自由があります。思考に対して、「その考えと時間を過ごす前に、私はもう少しマインドフルな呼吸を続けたいのです」と言うこともできます。思考があなたの決定を受け入れれば、背後に退くでしょうから、あなたは瞑想を続けることができます。たとえて言うならば、机の上に積み重なった手紙の山にいったん目を通し、大事な手紙だけをより分けて横に置いて、それらは後で読むことにするような感じです。

今の瞬間のありとあらゆる現象が、マインドフルネスの対象になります。もし浮かんできた思考があまりにも強固で、すぐにあなたの気を引こうとするような場合はどうしたらよいでしょうか。そんなときはこう言います。「わかりました。私の呼吸に注意を向け続けるのを止めて、あなたに向けましょう」。そうして、その新たな瞑想の対象にあなたの注意をすべて向ければよいのです。これは有害なことではありません。

仮に、あなたが坐る瞑想を始めて十分ほどたってから、足が痛くなりはじめたとします。そこであなたは、「この痛みに耐えて、十五分間ずっと坐っていなければいけないかもしれませんね。「これに我慢できなければ失敗なんだ」と。でも、そんなふうに感じなくていいのです。その代わりに、マインドフルにマッサージしてみましょう。「息を吸いながら、坐る姿勢を変える。息を吐きながら、筋肉痛に微笑む」。こんなふうに、マインドフルネスの対象は何を選ぶのも自由なのです。それをしたからといって瞑想をないがしろにしていることにはなりません。瞑想は一秒たりとも損なわれてはいません。あなたは失敗などしていないのです。

Q……禅師《ゼンマスター》とは何ですか？

A……禅師とは、ある期間、禅の修行をして経験を積み、その成果を他の人に分かち合えるようになった能力のある人のことです。

Q……私はキリスト教徒ですが、マインドフルネスの実践をしてもいいですか？

A……私はキリスト教を研究して、キリスト教の中にもマインドフルネスの教えがたくさんあることを発見しました。ユダヤ教やイスラム教についても同様です。マインドフルネスには普遍的な性質があると思っています。どのスピリチュアルな伝統にもこの性質は見られます。どのような伝統であれ、聖者の生涯を深く学んでいくと、その中にはマインドフルネスの資質があることがわかります。聖者とは、人生の一瞬一瞬を深く生きて、その一瞬ごとに真理と美に触れることができる人のことです。

いくつもの伝統から同時に恩恵を受けることは可能だと、私は思います。みかんが大好きな人は、どうぞみかんを食べてください。でも、だからと言ってキウイやマンゴーを味わってはいけないというのではありません。人類のスピリチュアルな遺産をまるごと全部受け取れるというのに、ひとつの果物だけに限定しなければいけない理由があるでしょうか？　仏教の根っこととともに、キリスト教やユダヤ教の根っこをもつこともできます。そうすれば私たちの精神はとても根強く育つでしょう。

Q……あなたの存在を方向づける力（フォース）はありますか？　あなたに道を示す高次元の力はありますか？

A……体細胞一つひとつの中に、天国と地獄の両方を見つけることができる、と私は言いました。あなたの体の中には、高次元の霊的な力も、低次元の霊的な力も入っています。あなたに慈悲があれば、どこにいても慈悲に触れることができます。あなたに暴力と憎しみがあれば、あなたのまわりにあるそのようなエネルギーとつながっていくでしょう。だからこそ、あなたがつながりたいと思うチャンネルを選び取ることがとても大切なのです。

ポジティブなエネルギーだけで自分を養うことを決意すれば、マインドフルネスのエネルギーは、ふさわしいエネルギーとそうでないエネルギーを見分けられるように助けてくれるでしょう。——どういう人たちと付き合うのか、どんな食べものを食べるのか、どのテレビ番組を見るのか。マインドフルネスには、あなたにとって必要なものと、害になるものを教える力があります。

Q……あなたの詩について説明してくれませんか？

A……私の詩は、一日中湧いてきます。植物に水をやったり、皿を洗ったりするとき、私の中に詩が生まれます。書斎の椅子に腰をおろしたら、ただその詩を引き出すだけです。詩はインスピレーションであり、私のマインドフルな生きかたが果実となったものです。詩が生まれた後で、その詩が私を助けてくれたと気がつくこともあります。私にとって詩は「気づきの鐘＝マインドフルネス・ベル」のようなものです。

自分が書いた詩をもう一度、読み返す作業もいいものです。当時のすばらしい体験を蘇らせ、私たちの中と、まわりのすべてのものにある美しさに気づかせてくれます。詩というものは、あなたが世界に手向ける花であり、日常生活の中の美しいことをあなたに思い出させてくれる気づきの鐘なのです。

付録

以下は、一九九九年十月十六日、アメリカのメリーランド州ハーガースタウンのメリーランド刑務所で行われたティク・ナット・ハン師の法話を聴いた参加者の感想である。

ティク・ナット・ハン師の印象

「ティク・ナット・ハンというとても小柄な男が、ハーガースタウンのメリーランド刑務所にやって来た。私はこの男が脚を組んで坐る様子を、びっくりして見ていた。なぜ驚いたのかと言うと、施設内の講堂には、アメリカ全土や世界中から合計八十名ほどの招待客が来ており、さらに百二十人以上もの落ち着きのない受刑者たちが全員そろって彼の登場を待っているというのに、この男はみんなを無視したのだ。

実は坐ってマインドフルな瞑想に入っていたのだが、最初、私たちにはそれがわからなかった。彼は穏やかに坐り、姿勢を変えたりしていた。そのまわりではスタッフが音響の機材を設置しようと、あわただしく動きまわる物音がして混乱していたのに、彼は気にもとめなかった。聴衆がひそひそ話をしたり、ぶつぶつ小言を言ったりしていたのに、それも耳に入らないようだった。まわりの者たちがかいがいしく世話をしても、まったく気にかけていなかった。はっきり言えば、聴衆の多くは目を凝らして彼をじっと見つめていたのだ。それなのにどうしてそんなに幸せそうに坐っているのか？　それほどの講演者ならば、なぜ私たちを無視するのか？

彼の顔は安らかで驚くほどしわがなかった。そしてただそこに坐っていた。

私たちのほうは、彼が言葉を発する前に、彼の安らぎに反応していた。彼のまわりのスタッフは各自すべき仕事をしていた。音響テストを納得するまで繰り返し、機材を所定の位置に置くと壇上から降りた。その足音は硬い板の床にこだまして、やがて静かになった。会場のざわめきは少しずつ小さくなり消えていった。お付きの弟子たちは敷物や毛布が正しく並べられているのを確認して、自分たちもマインドフルな瞑想の中に入っていった。

そして、彼が口を開いて話し出すよりも前に、私たちはもうとっくに彼に引き込まれていた。私たちは、彼がもっているものがほしいと思った。その結果として、メリーランド刑務所の発行する週刊紙は、新たに瞑想プログラムの実施予定を報じたところなのだ！

これは、話を聞きに来た聴衆を無視することから始めた、ひとりの謙虚な人が与えた驚くべき影響である」

——メリーランド刑務所　ダグラス・スコット・アレイ

「……ティク・ナット・ハン師のコメントとアドバイス、そして自らが実践していることを本当に信じているそのありかたは、この刑務所の多くの者たちの人生を変えた。今、彼はこの刑務所から何千マイルも離れた所にいるが、彼の話はここにいる何百人もの心を貫いた。私たちは、智慧と理解というパスポートをもって、許しというビザが使える国に飛び立つための羽を与えられたのだ」

——メリーランド刑務所　アフマド・ノウロウズィ

「……メリーランド刑務所の関係者が、この聖者をアメリカの刑務所に初めて連れてきてくれたことに感謝したい。私たちの多くは、塀の中の受刑者も、塀の外にいる者も、みな同じように、自ら作った牢獄にとらわれている。それは、自分を傷つけた者に対する憤りと復讐したい気持ちによって作りだされた牢獄である。マインドフルネスの奇跡は、私たちみんなを自由にできることだろう」

――シェパードソン・クロニクル紙、一九九九年十二月三日掲載
「いくつかの考察」ドナ・アクアヴィヴァ

「刑務所という環境は、人がスピリチュアルな実践をしっかりと行うべき最重要拠点のひとつであるが、また同時に、それを花開かせて持続していくのがもっとも困難な場所でもある。私は三十年来、刑務所に勤務してきたが、ティク・ナット・ハン師のような老師が受刑者に直接語りかけ、実践の大切さと難しさの両方を教えるのを見て、本当に心が浮き立った。受刑者にとっては、この本のような存在が必要だ。そして塀の外にいる私たちにとっては、受刑者の正しい努力と真摯な態度による具体例が必要である。私たちはそこから、自分自身の課題と向き合う勇気を得るべきなのだ。どうか真理と慈悲が、この塀を、内側と外側の両側から崩し続けていきますように。そして私たちのあいだにある環境や経験の深刻な格差について正しく見通し、私たちの究極の本性をよりどころにして、永遠の結束を分かち合うことができますように」

――ヒューマン・カインドネス財団　共同設立者／所長　ボ・ロゾフ

著者紹介

ティク・ナット・ハン（釈一行）禅師（一九二六－二〇二二）は世界に名だたる精神的指導者であり、詩人、平和活動家でもある。その力強い教えとマインドフルネスの極意に関するベストセラー著書群で知られ、諸々の仏教経典の解説、瞑想の手引書、詩集、児童書などを著している。西洋に仏教をもたらした先駆者的存在で、マインドフルネスを通じて今この瞬間に幸せに生きるすべを学ぶことができると説く。――それが自分と世界に対して真に平和をもたらせる唯一の方法であると言う。

師は、ベトナムがフランスの植民地であった時代に中部の省都フエ（順化）で生まれ、十六歳のときにベトナム禅仏教の臨済宗で得度して、沙弥《しゃみ》（見習い僧）となった。その基本的な修行のありかたは、今というその瞬間にあることと、何事もすべての気づきをもって行うことであった。沙弥としての修行ののち、フエの仏教研究所に入ると、今度は仏教革新運動の中心となっていたサイゴンに移り、現代社会の現実と一般人の生活に則した仏教の実践活動を行った。当時はベトナム戦争のさなかで、僧・尼僧は、僧院にこもって瞑想による修行生活を送るべきか、戦火に苦しむまわりの人びとを救うべきかの問いを突きつけられていた。師はそのどちらも行うことを決意して、〝エンゲージド・ブディズム〟（自らや社会と深くかかわり行動する仏教）を確立した。

政府による非難にもかかわらず、師は教え続け、文章を書き、出版社を立ち上げ、仏教大学の設立を助けた。平和活動家や創造的な思想の仏教者の発信源となる機関紙『ベトナム仏教』では、初代編集主幹を務めた。やがて政府の弾圧が厳しさを増して活動が制限を受けるようになると、一九六二年、アメリカのプリンストン大学に渡り、比較宗教学を教えた。翌一九六三年にはコロンビア大学に招かれてそこでも教鞭をとった。ベトナムでの弾圧が少しゆるむと本国に戻り、一九六五年、社会福祉青年学校（SYSS）という、非暴力と慈悲心による行動にもとづく草の根の救援団体を創設した。若い出家者と在家者をソーシャルワーカーとして育成し、村の再建と組織作り、教育の支援、公衆衛生や保健活動を行った。戦争がより激しくなると、難民シェルターを提供した。

一九六六年、師は再び渡米し、戦争の実態を人びとに伝えて和平実現を訴えた。国防長官ロバート・マクナマラや上院議員らと会合し、キリスト教司祭・作家のトーマス・マートンと出会い、マーティン・ルーサー・キング牧師からは一九六七年のノーベル平和賞に推薦された。しかしその活動の結果、ベトナム政府から帰国を拒否されることになる。亡命の一年目は、活動や弟子たちなどすべてがベトナム本国に残っていたため、師にとって大変厳しい状況であったが、どこにいてもそこを我が家《ホーム》とすることをゆっくりと学んでいった。やがてあちこちに旅して平和と友愛のメッセージを届け、ベトナム戦争の終結を訴えた師は、パリ和平協定ではベトナム仏教徒首席代表を務めた。一九七六年、ベトナムのボートピープルを救済するため、シンガポールで各国に難民受け入れ数を増やすことを求めた。このような平和活動の合間にも、今この瞬間にマインドフルに安らいで生きる極意について説き、講義し、執筆を重ねた。

一九八二年になると、フランス南部に瞑想を実践するセンターとしてプラムヴィレッジを設立し、社会奉仕活動を続け、一緒に実践を行おうとやって来た人びとに教えを説いた。その精神的な指導力により、小さな共同体から始まったプラムヴィレッジは、今は西洋で最大の仏教の僧院となり、二百名以上の僧・尼僧が居住している。この十五年間で、ヨーロッパ、アメリカ、アジア、オーストラリアに新たに九つの僧院が創設され、プラムヴィレッジの伝統による実践が分かち合われている。今日、ティク・ナット・ハン師はベトナムにおける自身の所属宗派だけでなく、世界に広がる六百人以上の僧・尼僧と数千人の在家修行者からなる「行動する仏教者」の共同体の精神的指導者となり、師の教えはマインドフルネス、和平実現、コミュニティづくり、社会奉仕などに活かされている。

二〇〇四年、四十年近くに及んだ亡命生活の後で、師はベトナム政府から本国訪問の招聘を受けた。翌年の二〇〇五年に師は三か月間滞在し、世界中から集まった僧・尼僧・在家者のためにリトリートを催し、政府や仏教界や共産党の指導者たちとの深い交流を果たした。

二〇〇七年に再訪が実現すると、戦没者を悼み、生存者には安らぎと癒しと和解がもたらされ、若い世代にこの苦しみが引き継がれないようにと儀式を執り行った。二〇〇八年にもう一度訪れてリトリートを行っている。

二〇〇八年、師は、世界各地で若者がマインドフルな生活のトレーニングを行う「ウェイクアップ」という活動を開始。二〇一〇年には、学校の学級担任が学内でマインドフルネスについて教えつつ実践するようトレーニングすべく、世界規模でウェイクアップ・スクールプログラムを押し広げた。

師は長年、数多くの国際団体から招聘を受けて講演を行い、「マインドフルネスの一日」プログラムを実施し、公開トークイベントの機会も設けている。二〇〇一年九月、世界貿易センターに旅客機が激突したわずか数日後には、ニューヨーク・シティーのリバーサイド教会で非暴力を説いた。二〇〇三年と二〇一一年には、米国連邦議会の議員とその家族たちに対してリトリートを行っている。二〇〇六年、パリのユネスコ本部にて、暴力、戦争、地球温暖化の悪循環を解消するための具体的手段を求める講演を行った。二〇〇七年、ベトナムのハノイで行われたユネスコの「国連ウェーサクの日祝祭」(ブッダの誕生・成道・入滅を記念する祝日)で基調講演。二〇〇八年十月には、インドの国会で開会の辞を述べて大きな賞賛を受け、定期的に教えを説く機会を求められた。二〇〇九年にメルボルンの万国宗教会議でビデオ講演、二〇一二年には英国議会と北アイルランド議会でそれぞれ講演を行った。

二〇一一年、アメリカのカリフォルニアにあるグーグル本社で五百名以上の社員を対象に一日リトリートを実施。再度二〇一三年には七百名以上に対して行った。師とともに何名もの弟子がグーグルのトップ・エンジニアたちと会い、グーグルはいかにして世界にもっと慈悲とポジティブな変化をもたらすテクノロジーの創生を探究しうるかについて、プライベートな議論を行った。同年、世界銀行の招聘を受けてワシントンDCの本部にて四百人の職員に二日間のリトリートを実施。ハーバード大学医学部では「瞑想とサイコセラピー：ティク・ナット・ハンとマインドフルネスを深める」と題したコースで基調講演を行い、同大学から「マインド・ボディ医学賞」を授与される。その年の後半、カリフォルニアのシリコンヴァレーの企業最高責任者十五名とマインドフルに過ごす午後の集まりに招待され、ともにお茶を楽しんだ。そこで師は、真の意図をもってマインドフルに生きる極意について説き、「時は金なり、ではありません。時は命であり、愛です。お金儲けにかかわることよりももっと深い欲求が、私たちひとりひとりの中にあるのです。それは、他のものが苦しまないように助け、社会がよりよい方向に向かうように貢献したいという欲求なのです」と述べた。

二〇一四年、それまで精力的に教えを説いてリトリートを率いていた師が、重い脳卒中で倒れた。六十五年にわたる実績の中で、師は、すべての大陸で、あらゆる人生経験を持つ人びとに教え続けた。教師、家族、医療や保健にかかわるワーカー、ビジネスマン、退役軍人、若者、政治家、科学者、心理療法家、警察官、アーティスト、環境活動家。さらにプラムヴィレッジには、パレスチナ人とイスラエル人が一緒に実践するグループもある。師は安らいで清らかな存在を示しづつけ、体調が許すかぎり、プラムヴィレッジの共同体の活動に加わった。

二〇〇七年に八十歳の誕生日を迎えたときのこと、自身の引退の予定があるかどうかについて質問された師は、次のように答えている。「教えとは、話すことだけで行われるものではありません。人生をいかに生きるかによって示されるものです。私の生きざまが、私の教えです。私の人生そのものが、私からのメッセージです」

訳者あとがき

本書は、Thich Nhat Hanh, The Other Shore : A New Translation of the Heart Sutra with Commentaries, Parallax Press（初版二〇一七年）と、Thich Nhat Hanh, Be Free Where You Are, Parallax Press（初版二〇〇二年）を翻訳して一冊にまとめたものである。

ティク・ナット・ハン師は三〇年前にすでに一度、般若心経の英訳・解説書として、The Heart of Understanding : Commentaries on the Prajñaparamita Heart Sutra, Parallax Press（一九八八年）を刊行している。五四ページのごく薄い本は般若波羅蜜のエッセンスが詰まった傑作で、欧米を中心に多くの人に愛された一冊である。

時は流れて二〇一四年八月、ティク・ナット・ハン師（当時八七歳）はあらためて般若心経を訳し直し、その理由も明記して、秋にはＨＰ上で公開した（本書に「雲と洞窟」として収録）。そして同年十一月、師は脳卒中で倒れたのである。

長く使いこんだ英訳をなぜこのタイミングで書き換えたのか。その真意をあますところなく説明したのが、三年をかけて二〇一七年に出版された本書The Other Shoreである。旧訳・解説書の珠玉の法話を残しつつも、般若心経の理解にかかせない仏教の基本知識をひととおり加え、「空」の教えをぞんぶんに展開したものになった。

また本書には、アメリカの刑務所でマインドフルネスを説いた伝説の法話「自由を今ここに」も収録し、師の教えの真髄の「インタービーイング」と「マインドフルネス」のどちらにも触れられる一冊となった。師が刑務所を慰問して説法する姿は、「エンゲージド・ブディズム」（自らや社会と深くかかわり行動する仏教）の実例でもある。

今回の日本語版は、著者の訳本を数多く手がける島田啓介氏の協力を得て訳文を練り上げ、ティク・ナット・ハン師率いる仏教僧院・共同体であるプラムヴィレッジのシスター・チャイのコメントを参考に、一語一語を慎重に検討しながら完成させていった。たとえば、旧訳の経文では、サンスクリット語のプラジュニャー（般若）の英訳はwisdom（英知）となっていたが、新訳ではinsight（洞察）と、より実践を意識した言葉があてられた。日本語版では、中国仏教で従来重んじられてきた「智慧」を使用しながら、文脈に応じて「洞察」も採用した。たいへんな責務をこなすシスターが、元のベトナム語新訳との対照も含めて、ていねいに対応してくださったことにはただ感謝しかない。

本書を翻訳する道程では、さまざまな方が励ましてくださった。曹洞宗の青山俊董老師はご自身の説く「天地いっぱいのお働き」「無というものがある」「むっつり顔は環境破壊」などの観点から深く共鳴されており、本書の教えとの共通性を示してくださった。また、一九九五年のティク・ナット・ハン師来日時に法話通訳を務めた藤田一照師は、さらさらと八識《はっしき》の図を描いて、ティク・ナット・ハン師の教えをこう説明された。「とてもやさしくわかりやすく言っているけど、きちっと仏教の教義につながっているのがすごいところなんです。それに、おしゃれでしょう」。この言葉を翻訳中に何度も思い出した。

さらに、未熟な器をもって訳しきることの大切さを教えてくださった書家の稲田盛穂師、「自由を今ここに」の原稿を見てくださったライターの森竹ひろこさん、「不有不無」の訳をタイでシスター・チャン・コンとブラザー・ファプ・ニェムに確認してくださった長村三和子さん、訳す自信を失いかけた訳者を強く励ましてくださった舞原さなえさん。島田啓介さんは何度、相談に応じてくださったことだろう。そして観音信仰で知られる台湾の龍山寺で助けてくださった徐志健さん。それから国内外のサンガの方々や私の家族、仕事の関係者など、数えきれないほどのかかわりと助けをいただいて本書は形になった。みなさん、ありがとうございました。その結実を確かなものにしてくださった編集者の竹内将彦さんにも深くお礼したい。

＊　＊　＊

一九二六年生まれのティク・ナット・ハン師は今年九一歳になった。シスター・チャイが伝えてくださった最近の様子では、「脳卒中以来、ずっと話すことはできませんでしたが、つい最近、一言二言喋れるようになりました。体調がいいときは儀式などにも参加して、読経を聴きながら、（麻痺していない）左手だけで合掌されています。二百名ほどの若い僧侶たちに囲まれ、毎日リハビリに励んでいらっしゃいます」という。

最後に、本書で紹介しておきたかった旧知の実践がある。「菩薩の名を呼ぶ」というもので、呼ばれる筆頭は観世音菩薩（観自在菩薩）である。アジア諸国では観音信仰がたいへん盛んだが、願掛けになりやすい傾向について、ティク・ナット・ハン師はそうとう厳しい。けれど、やさしく包み込むように説く。「ノーモア・バナナ。供物はいいから、あなたの実践を供えなさい。そして祈るときはこう唱えるのです」

「観世音菩薩よ。私たちは、世界の苦しみを和らげるために耳を傾ける、あなたのありかたを学びたいと願っています。理解するための聴きかたを、あなたは知っています。注意深く心を開いて聴くことが実践できるように、あなたの名を呼びます。そしていかなる偏見も持たず、判断を加えたり反応したりせず、深く理解するために、すわって耳を傾けます。よくよく注意して、その人が話していることにも、話せずに言い残したことにも、耳を傾けます。深く聴くだけで、その人の痛みと苦しみがとても楽になるとわかっているからです」

二〇一八年三月吉日　馬籠久美子

＊ティク・ナット・ハン師は二〇二二年一月二二日、九五歳で遷化（逝去）されました。深く哀悼の意を表します。

訳者略歴

馬籠久美子◎まごめ・くみこ

一九六三年生まれ。通訳・翻訳者。一九八六年、津田塾大学英文科卒業。米国マサチューセッツ州のスミスカレッジでアメリカ研究プログラムを修了。同州立大学アムハースト校で教育修士号取得、博士課程に学ぶ。一九九〇年頃にティク・ナット・ハンの本に出会い、同州のキリスト教者主催のマインドフル・サークルに通う。一九九五年のティク・ナット・ハン来日ツアーに通訳の一人として関わり、二〇一一年の再来日企画時にリトリート教本を翻訳、後に『ブッダの幸せの瞑想』（共訳、サンガ）として出版。仏教法話集の訳本に、カンボジアのマハ・ゴサナンダ著『微笑みの祈り——智慧と慈悲の瞑想』（共訳、春秋社）。その一方で、二〇〇一年より認知症の当事者を中心とした番組制作、出版、アドボカシー活動に関わる。主な訳本に、クリスティーン・ブライデン著『認知症とともに生きる私——「絶望」を「希望」に変えた二〇年』（大月書店）、同著『私は私になっていく——認知症とダンスを』（共訳、クリエイツかもがわ）、エリザベス・マッキンレー、コリン・トレヴィット著『認知症のスピリチュアルケア——こころのワークブック』（新興医学出版）。

翻訳協力

島田啓介◎しまだ・けいすけ

一九五八年生まれ。精神科ソーシャルワーカー（PSW）・カウンセラー。ワークショップハウス「ゆとり家」およびティク・ナット・ハンのメソッドによる瞑想会「気づきの日」を主宰。主な訳本に、『ブッダの〈気づき〉の瞑想』（共訳・野草社）、『ブッダの〈呼吸〉の瞑想』『ブッダの〈今を生きる〉瞑想』『リトリート　ブッダの瞑想の実践』『大地に触れる瞑想』（野草社）ほか。

ティク・ナット・ハンの 般若心経

2021年4月15日　第1版第1刷発行
2022年2月15日　第1版第2刷発行

著　者　ティク・ナット・ハン
訳　者　馬籠久美子
翻訳協力　島田啓介
発行者　石垣雅設
発行所　野草社
東京都文京区湯島1-2-5　聖堂前ビル
tel 03-5296-9624　fax 03-5296-9621
静岡県袋井市可睡の杜4-1
tel 0538-48-7351　fax 0538-48-7353
発売元　新泉社
東京都文京区湯島1-2-5　聖堂前ビル
tel 03-5296-9620　fax 03-5296-9621
印刷・製本　萩原印刷株式会社

ISBN978-4-7877-1881-5 C1014

ブックデザイン――堀渕伸治◎tee graphics
本文組版――――tee graphics

野草社の本

…

ティク・ナット・ハンの本

ブッダの〈気づき〉の瞑想　山端法玄・島田啓介訳／一八〇〇円＋税

ブッダの〈呼吸〉の瞑想　島田啓介訳／一八〇〇円＋税

ブッダの〈今を生きる〉瞑想　島田啓介訳／一五〇〇円＋税

リトリート　ブッダの瞑想の実践　島田啓介訳／二五〇〇円＋税

大地に触れる瞑想　島田啓介訳／一八〇〇円＋税

詩集　私を本当の名前で呼んでください　島田啓介訳／二八〇〇円＋税